Meinrad Braun

Umgang mit Schuld

Meinrad Braun

Umgang mit Schuld

Umgang mit Schuld in Beratung und Therapie

Trainerverlag

Imprint

Any brand names and product names mentioned in this book are subject to trademark, brand or patent protection and are trademarks or registered trademarks of their respective holders. The use of brand names, product names, common names, trade names, product descriptions etc. even without a particular marking in this work is in no way to be construed to mean that such names may be regarded as unrestricted in respect of trademark and brand protection legislation and could thus be used by anyone.

Cover image: www.ingimage.com

Publisher:
Der Trainerverlag
is a trademark of
Dodo Books Indian Ocean Ltd. and OmniScriptum S.R.L publishing group

120 High Road, East Finchley, London, N2 9ED, United Kingdom
Str. Armeneasca 28/1, office 1, Chisinau MD-2012, Republic of Moldova, Europe
Managing Directors: Ieva Konstantinova, Victoria Ursu
info@omniscriptum.com

Printed at: see last page
ISBN: 978-620-0-77109-4

Inhaltsverzeichnis

Zum Autor:

Dr. Meinrad Braun, geboren in Ulm, studierte in Freiburg Völkerkunde, Volkskunde und Paläanthropologie, danach Medizin. Promotion und Ausbildung als Facharzt für Psychosomatik und Psychotherapeutische Medizin in verschiedenen Kliniken. Von 1988 bis 2022 führte er als ärztlicher Psychotherapeut eine psychotherapeutische Versorgungspraxis in Bad Dürkheim. Von 1993 bis 2024 Dozent, Supervisor und ärztlicher Weiterbildungsleiter in der Ausbildung psychologischer und ärztlicher Psychotherapeuten an einem Ausbildungsinstitut und an verschiedenen Kliniken in Rheinland-Pfalz und Baden-Württemberg. Von 1997 bis 2022 Fachgutachter für Psychotherapie im Auftrag des Medizinischen Dienstes der Krankenkassen, für die Kassenärztliche Bundesvereinigung, für die Beihilfe, und für die Deutsche Krankenversicherung.

Er ist seit 2005 Belletristik-Autor und hat bei mehreren Verlagen Romane und Erzählungen veröffentlicht, in den letzten Jahren sind seine Romane beim Emons-Verlag in Köln erschienen. Seine Bücher findet man unter: www.meinrad-braun.de.

Für wen ist dieses Buch?

Für alle, die sich mit dem Thema „Schuld" näher befassen möchten, ob als Berater, Therapeuten oder als Betroffene. Ich möchte anwendungsorientiert bleiben, theoretische Erörterungen wollte ich kurz halten. Wo ich sie dennoch für erforderlich hielt, sollen sie das Verständnis verbessern, ich wollte aber nicht zu weit ins Grundsätzliche abschweifen. Bei einem so umfassenden Thema kann man nicht alle Wege beschreiten, die sich öffnen. Ist dies der Fall, habe ich es entsprechend angemerkt und es bleibt dem Leser überlassen, einen Gedanken weiter zu verfolgen. Im Anhang befindet sich eine kommentierte Literaturliste, die zeigt, von welchem Denken und von welchen Denkern meine Überlegungen beeinflusst wurden.

Psychisch Erkrankte können dieses Buch mit ihrer Therapie kombinieren. Ob tiefenpsychologisch, verhaltenstherapeutisch oder systemisch spielt dabei keine wesentliche Rolle, nachdem meine Überlegungen und Vorschläge sich mit den verschiedenen Verfahren gut vereinbaren lassen.

Weil Gedanken und Gefühle eng zusammenhängen und sich Gefühle zunächst einmal kaum ändern lassen, gilt mein Ziel vor allem den Überzeugungen und Bewertungen zur „Schuld". Auf diesem Weg hoffe ich, die beste Unterstützung zur Selbsthilfe anbieten zu können. Der Umgang mit schwerer Schuld muss für sich betrachtet werden, auch ihm gelten einige Aspekte dieses Texts.

Das letzte Kapitel enthält einen Aufgabenteil, in dem Übungen vorgeschlagen werden. Sie sind einfach und alltäglich anwendbar und sie sollen zunächst nur deutlich machen, wie wenig kompliziert es ist, sich von Schuldgefühlen freier zu machen. Natürlich sind sie auch als fortlaufende Übungen geeignet. Wer damit angefangen hat, kann selbstständig weitermachen, und ich vermute, dass dies angesichts des raschen Erfolgs, mit dem zu rechnen sein wird, auch geschieht.

Ein paar Worte zur „Gender"-Sprache: Ich habe mich dafür entschieden, im Text die

Nomina und Pronomina nicht zu „gendern". Dafür bitte ich meine Leser um Verständnis. Natürlich gelten die dargestellten Überlegungen für alle Personen, ob männlich, weiblich oder nicht binär. Ich bin außerdem der Auffassung, dass uns allen gedient wäre, wenn männliche oder weibliche Stereotypien sich auflösen ließen zugunsten eines kreativeren und flexibleren Zusammenlebens. Die Textfassung in überwiegend männlicher Schreibweise ist vor allem meinen Gewohnheiten geschuldet, zusammen mit einer gewissen Ratlosigkeit gegenüber dem Fehlen einer für mich brauchbareren Form.

Überlegungen zum Anfang

Alle Menschen in allen Kulturen sind von Kind an gewohnt, mit Schuld umzugehen. Jeder hat eine Vorstellung, worum es sich dabei handelt. Es handelt sich vor allem um Gefühle, weil der Begriff „Schuld" sich nur schwer erfassen lässt, Schuld stellt also vorwiegend ein emotionales Erleben dar. „Zu wenig gegeben" oder „zu viel genommen" führt in der Regel zur Empfindung von Schuld. Das ist zwar sehr relativ, es gilt dennoch für jede Art von Schuld, ob sie nun schwer wiegt oder leicht. Schuldgefühle sind wesentlicher Bestandteil von dem, was man Gewissen nennt und sie sind vermutlich eine der Grundbedingungen des menschlichen Lebens. Schuldgefühle kann man als eine Mischung aus belastenden Gedanken, Hilflosigkeit und Trauer betrachten, nicht selten ist auch Wut dabei. Sie wirken sich negativ auf die Selbstbewertung aus, mit anderen Worten: Man fühlt sich schlecht damit und möchte möglichst rasch etwas unternehmen, damit sie wieder weggehen.

Schuldgefühle sind Bestandteil vieler psychischer Erkrankungen, entweder sind sie die Hauptsymptome oder sie beschweren das Symptombild zusätzlich. In der Psychotherapie werden sie häufig als Teil der Erkrankung behandelt. Die Idee, sie für sich genommen abzubauen, wie es in diesem Text vorgeschlagen wird, ist weniger üblich, dennoch glaube ich, dass es sich lohnt, es zu versuchen. Jenseits von Schuldgefühlen, derer man sich entledigen möchte, existiert aber auch schwere Schuld, die nicht einfach verdrängt oder aufgelöst werden kann. Diese Schuld bleibt manchmal lebenslang bestehen und es ist schwierig, einen angemessenen Umgang damit zu finden. Oft wird sie geleugnet, nicht selten führt sie zur Veränderung der Persönlichkeit, das gilt sowohl für Opfer wie auch für Täter. Es besteht ein enger Zusammenhang zwischen Schuld, Scham und Verantwortung. Alle drei Begriffe kreisen um dasselbe Thema.

Wie also kann man angemessen mit Schuld umgehen?

Für mich war Schuld im Laufe der ersten Jahrzehnte meiner fast vierzig Jahre während Tätigkeit als Psychotherapeut ein Begriff, den ich immer wieder verwendet habe und für den ich, heute muss ich das so sagen, lange Zeit eine eher naive Erklärung hatte. Schuldgefühle waren in meiner Arbeit ja ständig präsent als Teil der zu bearbeitenden Problembereiche oder als Bestandteil psychischer Erkrankungen. Als Mischung von Gedanken und Gefühlen habe ich mit psychologischen Methoden daran gearbeitet, das heißt, ich habe bei der Behandlung versucht, Bewertungen und Überzeugungen zu verändern mit der Absicht, die belastenden Gefühle, die damit zusammen hingen, zu reduzieren. Als ich mich vor etwa zwanzig Jahren dafür entschied, mit einzelnen Sexualstraftätern zu arbeiten, nach einiger Zeit tat ich das auch innerhalb von Strafanstalten, entstand bei mir der Wunsch, mich näher mit Schuld zu befassen, nachdem ich dort auch mit schwerer Schuld konfrontiert wurde. Ich lernte, dass die Beschäftigung mit persönlicher Schuld im positiven Fall ein Schlüssel zur Veränderung sein kann, aber auch, dass Helfer, wenn Straftäter unerreichbar blieben, ziemlich hilflos sind. Ich wollte zu den Wurzeln vordringen und fand Hinweise bei Philosophen, Religionswissenschaftlern und Anthropologen, ihre Begriffe halfen mir, klarer zu denken, wenn ich verstehen wollte, was „Schuld" eigentlich ist. Ich konnte die existenzielle Dimension von Schuld eher erfassen, als es mir bei der Anwendung von Therapieverfahren möglich war. Diesen Umgang mit Schuld habe ich an meine Patientenbehandlungen angepasst und ihn als Teil einer guten Selbstfürsorge mit konkreten Übungen vermittelt. Ermutigt von den Ergebnissen habe ich meine Überlegungen schließlich auch in Ausbildungs- und Weiterbildungsveranstaltungen angeboten und sie in der Supervision mit Ärzten und Psychologen vermittelt. Das Interesse und die hilfreichen Rückmeldungen der Patienten und Weiterbildungsteilnehmer, darunter Psychologen und Ärzte, Strafrichter, Seelsorger und Pflegekräfte, halfen mir, meinen Ansatz weiter zu entwickeln.

Schuld wird von Menschen gemacht, in der Natur existiert sie nicht. Tiere können nicht schuldig werden, zumindest nicht nach unseren Grundsätzen, obgleich Tiere durchaus versuchen, Strafen zu vermeiden und Harmonie wiederherzustellen, jeder Hundehalter weiß das. Und auch die Beziehungen zwischen Tieren und Menschen gründen auf Geben und Nehmen, wenngleich Tiere die menschliche Grundangst vermutlich nicht haben: Kann ich geben, darf ich nehmen? Sie entwickeln deshalb keine Strategien, diese Angst zu verbergen, so wie Menschen das tun, man kann in ihnen lesen, sie tragen keine Maske. Es mag unter anderem dies sein, was sie uns so sympathisch macht.

Man könnte sagen, dass es drei Ebenen von Schuld gibt: Juristische, moralische (oder religiöse) und persönliche Schuld. Diese Ebenen unterscheiden sich vor allem in ihrer Funktion untereinander. Richter stellen fest, was Schuld ist, das tun sie in den Grenzen des geltenden Rechts. Die Feststellung von Schuld und die Konsequenz der Strafe soll Verantwortlichkeit schaffen und das Zusammenleben schützen. Was gesellschaftlich oder religiös verurteilt wird, ist vielleicht nicht strafbar, es wird aber dennoch geächtet. Angehörige einer bestimmten Religion folgen Regeln, die nur für sie gelten. Was jemand persönlich als schuldhaft empfindet, sehen andere vielleicht als Banalität an, persönliche Schuld kann nur schwer gewogen werden und damit ist die Frage, worin Schuld besteht, auch eine Frage der Identität.

Manchmal berührt eine Verurteilung vor Gericht das persönliche Schuldempfinden nur wenig und weckt damit auch kaum eigene Verantwortlichkeit, vielleicht weil jemand anderen moralischen Richtlinien folgt, wie etwa ein religiöser Fundamentalist, oder weil er das System, das ihn verurteilt hat, aus anderen Gründen ablehnt. Persönliche Schuld, Scham und Verantwortung bilden in allen Kulturen und Gesellschaften ein zusammenhängendes Gebäude, so zerbrechlich es erscheinen mag. Hier liegt der ursprüngliche Sinn der Konstruktion „Schuld": Sie regelt das Zusammenleben durch bestimmte Verpflichtungen.

Ich möchte Sie als Leser auf diesem Weg mitnehmen. Es soll zuerst um die Ursprünge gehen, um das Geben und Nehmen, um das Verständnis von Bindungen und von dem, was „Schuld" eigentlich ist. Um die Frage, wie Rache wirkt und ob Vergebung möglich ist, darum, wie Schuld Persönlichkeit beeinflusst, und um den Zusammenhang von Schuld mit Krankheit. Natürlich möchte ich Sie am Ende auch dabei unterstützen, mit diesem Entwurf ausgestattet, Ihren Umgang mit Schuld zu verbessern.

1. Das Rätsel der „Gabe"

Geben, was man nicht hat und bekommen, was man nicht verdient hat. Ein Satz, der rätselhaft scheint und der mir trotzdem gut gefällt, weil er etwas vom Flüchtigen und schwer Faßbaren ahnen lässt, was man die „Gabe" nennt. Es mag unklug erscheinen, ein solches Buch mit einem Begriff zu beginnen, der schwer zu fassen und auch schwer zu beschreiben ist. Ich tue es dennoch und hoffe, Sie nicht abzuschrecken, denn ich bin sicher, dass der Satz am Ende der Lektüre gut verständlich sein wird. Die „Gabe" schreibe ich deshalb mit Anführungszeichen, weil sie auftaucht und fast im selben Moment verschwindet, in dem sie wahrgenommen wird. Es scheint auszureichen, dass sie bemerkt wird, festhalten lässt sie sich nicht. Vielleicht verhält es sich damit so ähnlich wie mit dem Glück, das sich auch nicht festhalten lässt.

Das Verständnis der Gabe ist wichtig, wenn man vom Grund her verstehen will, was Schuld ist. Denn man könnte behaupten, dass alle Energie, die als Schuld erscheint, aus dieser geheimnisvollen „Gabe" herrührt, obwohl sie so schwer zu fassen ist. Darüber ist schon viel nachgedacht worden. Ich möchte versuchen, mit einem Beispiel zu verdeutlichen, was ich meine.

Ich gehe gelegentlich morgens in die Bäckerei um die Ecke und kaufe mir ein Croissant. Im Fach liegen mehrere, ich mag die dunklen, kross gebackenen am liebsten und bitte die Verkäuferin, mir so eines herauszusuchen. Das bekomme ich auch. Ich bedanke mich und erhalte zusätzlich ein Lächeln, das ich erwidere, während ich meine Börse heraushole und das Croissant bezahle, das einen Euro und fünfzig Cent kostet.

Soweit die Ereignisse, wie ein Außenstehender sie beobachten könnte und wie ein Film sie zeigen würde. Nun will ich – die Kapitelüberschrift sagt es – über die „Gabe" reden und dazu noch über den rätselhaften kursiven Satz. Ich habe also etwas gekauft und dafür bezahlt. Das ist zweifellos ein Tausch: Croissant gegen Geld, ein

Tausch von der Art, die man ein Geschäft nennt. Gleichzeitig hat sich aber noch mehr ereignet. Ich habe einen Wunsch, eine Bitte geäußert (ich bat um ein besonders krosses Croissant), der Bitte wurde entsprochen (die Verkäuferin hat mir eines herausgesucht). Nun könnte man sagen, das ist Teil ihrer Arbeit, sie sollte Kunden gegenüber entgegenkommend sein und auf deren Wünsche eingehen, soweit sie mit dem Verkauf von Backwaren zu tun haben. Ein Vorgang, den man als Teil des Geschäfts ansehen kann. Was aber noch weiter geschah: Sie hat mich angelächelt und ich habe das Lächeln erwidert. Das ist nicht Teil des Geschäfts. Eine Kleinigkeit nur, aber eine wesentliche Kleinigkeit.

Die Verkäuferin muss nicht lächeln. Sie kann mir das Croissant auch ohne ein Lächeln verkaufen. Das Lächeln, das sie beisteuert, kommt von ihr als Person, von ihrer Gestimmtheit, vielleicht auch von ihrer Art, wie sie eben ist. Ich habe keinen Anspruch darauf, sie schuldet mir kein Lächeln und ich schulde ihr auch nicht die Erwiderung des Lächelns. Ich schulde ihr einen Euro fünfzig, wenn ich ein Croissant will und die Schuld ist getilgt, wenn das Geld in die Kasse wandert. Sie schuldet mir vielleicht eine Dienstleistung, wenn sie mir ein bestimmtes Croissant aussucht. Aber sie schuldet mir kein Lächeln. Ich könnte das Lächeln nicht kaufen. Würde ich das versuchen, etwa so: Bitte lächeln Sie noch einmal so nett, und legte einen Euro dafür auf den Ladentisch, dann – was wäre das? Es wäre eine Zumutung. Weil ich ihr Lächeln nicht kaufen kann, ich kann es nur geschenkt bekommen.

So weit, so gut. Das ist uns allen geläufig. Man kann bestimmte Dinge: Liebe, Freundschaft, Vertrauen, Begehren, Ehre, Interesse und manches andere noch dazu, eben nicht kaufen. Aber weshalb nicht?

Weil darin etwas liegt, was man nicht hat, was niemand besitzt. Wäre etwas darin enthalten, was jemand hat, also besitzt, dann könnte man es auch fassbar machen, womöglich auch noch haltbar, und dann könnte man es vermutlich auch verkaufen und kaufen. Zum Glück kann man es nicht.

Ich möchte noch beim Lächeln der Verkäuferin bleiben. Natürlich ist sie in der Lage, mit ihren Gesichtsmuskeln ein Lächeln herzustellen, mit ihrer Mimik, mit ihrer Absicht, gerade jetzt zu lächeln. Und selbstverständlich weiß sie, dass sie lächelt. Ich wiederum weiß, dass ich ein Lächeln bekomme, und auch, dass es mir gilt (falls nicht jemand hinter mir steht), und schließlich erwidere ich es meinerseits. Wir tauschen also ein Lächeln, die Verkäuferin und ich. Aber was genau tauschen wir da? Und *hat* es die Verkäuferin? *Habe* ich es?

Alle Menschen verstehen, was ein Lächeln ist. Auch Tiere, weiß man, können lächeln. Lächeln scheint etwas zu sein, was sich überall ereignet. Es wird nicht hergestellt wie eine Ware oder ein Ding, es findet einfach statt, es ereignet sich. Und Sie und ich, die Verkäuferin, alle Menschen sind in der Lage, dieses Ereignis stattfinden zu lassen. Ein Ereignis, bei dem etwas gegeben und genommen wird, irgendetwas geht da hin und es geht etwas her, was nicht zu fassen ist. Die Verkäuferin und ich, wir schaffen dieses bestimmte Ereignis. Etwas erscheint dabei, nur für den Moment, so lange, bis wir es wahrgenommen haben und dann verschwindet es wieder. Das ist die Gabe.

Sie ist nichts Stoffliches, kein Ding. Sie findet statt. Voraussetzung ist, dass jemand geben will, damit wird sie in Gang gesetzt und sie geschieht dann, wenn das Geben als „Geben" bemerkt wird. Die Gabe bleibt nicht erhalten, sie ist flüchtig, man kann sie nicht aufbewahren. Man kann sie nicht kaufen, man kann sie sich auch nicht verdienen: Ich kann nicht verlangen, dass die Verkäuferin mich jedes Mal anlächelt, wenn ich in den Laden komme. Sie entscheidet selbst, ob sie mir diesmal ein Lächeln schenkt. Wenn sie es getan hat, weiß sie, dass sie etwas gegeben hat. Sie würde es selbst dann wissen, wenn ich das Lächeln nicht erwidere. Vielleicht würde sie in dem Fall später zu einer Kollegin sagen: Das ist ein unhöflicher Mann. Ich habe ihn angelächelt und er verzieht keine Miene.

Wissen, dass man gegeben hat, kennzeichnet die Gabe, und dieses Wissen unterscheidet uns vielleicht am meisten vom Tier. Tiere wissen nicht, dass sie geben. Die Grenze, die wir zu Tieren ziehen, eine Grenze, von der wir unbedingt wollen, dass sie besteht, enthält auch die Dimension des Gebens. Natürlich kennen wir die fleißigen Bienen, wir sehen das selbstlose Füttern der Vogeleltern, wir wissen, dass Ameisenstaaten so ziemlich alles zuwege bringen, was wir auch tun: Sie betreiben Ackerbau (sie züchten Pilze), Viehhaltung (sie melken Läuse), sie halten Sklaven (fremde Ameisen) und sie haben eine Art Gesellschaft (ein Matriarchat). Tiere bringen durchaus einiges zuwege. Aber sie wissen nicht, dass sie geben.

Niemand weiß, wie die menschliche Gesellschaft entstanden ist, das ist mindestens eine Million Jahre her, vielleicht auch schon wesentlich länger. Die menschliche Kultur, die damals ihren Anfang genommen hat, beruht auf dem Geben. Vorher und ringsum gab und gibt es nur Nehmen. Man nimmt von der Natur, die Natur nimmt von mir, am Ende nimmt sie mir mein Leben, das nenne ich den Tod. Dieses gleichgültige Nehmen, das enorme Verschwenden von Existenzen, das zur Natur und damit auch zum Leben gehört, war, sobald es zum ersten Mal bewusst wahrgenommen wurde, wohl grausam und beängstigend. Der erste Tausch derer, die erkannten, dass sie selbst nicht Natur sind, mithin die erste aller menschlichen Erkenntnisse, war vermutlich die Erfindung der Religion. Der Religion als dem Versuch, der Natur, die nun als Gegenüber empfunden wurde, etwas zu geben, ihr zu opfern und sie damit in einen Tausch zu bringen. Die Götter sollten den Menschen etwas schulden. Das Motiv dafür kann man nur in der Daseinsangst vermuten. Man gab einer höheren Gewalt etwas, damit man sich sicherer fühlen konnte. Aber man gab und nahm auch gegenseitig voneinander. Und obwohl es in Urzeiten natürlich keine Geldgeschäfte gab, wurde das Geben rasch zum Text aller Bindungen, denn Geben ist nur eine andere Art von Nehmen: Ich gebe etwas und begründe damit einen Anspruch, der es mir erlaubt, im Anschluss wieder nehmen zu können. Behalte ich den Anspruch, der aus dem Geben kommt, dann entsteht Macht, jemand schuldet mir etwas. Wenn zurück getauscht wird, gleicht es sich wieder aus, aber man kann schon annehmen, dass die Menschheit von Anfang an verstanden hat, dass Schuld und Macht eng zusammenhängen. Wer gibt, hat Ansehen, wer gibt, hat Macht. Wer nimmt, wird jemandem etwas schuldig.
Die Bäckereiverkäuferin möchte mit ihrem Lächeln gewiss keine Macht über mich

ausüben. Dennoch – wenn ich ihr Lächeln nicht erwidert habe, vielleicht weil ich unkonzentriert war, dann tut es mir danach leid. Der Moment, das Lächeln zu erwidern, ist jetzt vorbei, und ich habe Schuldgefühle. Nicht besonders große, aber ich habe etwas genommen und nichts zurückgegeben.

Diese Flüchtigkeit, der Umstand, dass der Moment rasch vorbei ist, ist wesentlich und wichtig für die nachfolgenden Überlegungen, bei denen ein Verständnis der „Gabe" benötigt wird: Die Erkenntnis ihrer Flüchtigkeit. Die Gabe erscheint und macht das Leben intensiver, das Dasein spürbarer, genau in dem Moment, in dem gegeben oder genommen wird. Möglicherweise bin ich gekränkt, wenn die Bäckereiverkäuferin heute nicht gelächelt hat und gebe ihr die Schuld an meiner Missstimmung. Ein Versuch, etwas aus der Gabe zu schöpfen.

Die Erfindung der Schuld war der menschliche Versuch, die Gabe festzuhalten. Daraus folgte das Geschäft, zuerst mittels des Tauschens von Gütern, später mit Hilfe von Geld. Schuld und Geschäft müssen sich aber auf etwas Vergangenes beziehen, auf etwas, das sich bereits ereignet hat, und da Vergangenheit nun einmal vorbei ist, muss sie rekonstruiert werden. Sie wird rekonstruiert in einer Übereinkunft: So war es, ich glaube dir, das heißt lateinisch „Kredit". Kredit bedeutet, etwas glauben. Schuld und Geschäft sind Kredite als Konstruktionen der Vergangenheit.

2. Geben und Nehmen schafft Verpflichtungen und Bindungen

Ich bleibe noch bei dem Beispiel mit dem Croissant. Taugt es überhaupt dazu, um über Schuld zu reden? So wie es sich abgespielt hat, ist ja keine Schuld entstanden. Ich habe einen Euro fünfzig bezahlt, das Ganze war ein Geschäft. Ein Geschäft verpflichtet nicht. Wenn es zu Ende gebracht wird, ist der Tausch vollständig, vor allem, wenn Geld im Spiel ist. Die meisten Dinge haben ihren Geldwert, der wird bezahlt und die Geschäftspartner sind anschließend nicht aneinander gebunden, sie sind frei. Das ist ausgesprochen praktisch und es hat mit der Zeit dazu geführt, dass nahezu alles käuflich geworden ist. Es gibt nichts einfacheres, als Dinge oder Dienstleistungen aller Art mit Geld zu kaufen. Vorausgesetzt natürlich, man verfügt über eine entsprechende Barschaft.

Mit dem Lächeln ist es etwas anderes. Ein paar Besuche in der Bäckerei und ein paar Mal Lächeln schaffen schon eine gewisse Bekanntschaft. In Grenzen allerdings. Brächte ich der Verkäuferin ein Geschenk mit, würde sie es vermutlich ablehnen, denn das würde unsere Bekanntschaft zu sehr vertiefen. Zu sehr, weil es die Bindung vermehren würde, wenn sie es annehmen würde. Interessanterweise aber auch dann, wenn es zurückgewiesen würde. Auch die Zurückweisung lässt sich nicht ohne weiteres mehr aus der Welt schaffen, denn auch „etwas nicht Annehmen" bedeutet etwas für die Beziehung.

Bindung entsteht dann, wenn ein Anspruch stehen bleibt, wenn etwas gegeben oder genommen wurde und wenn der Tausch nicht vollständig war. Der springende Punkt dabei ist, dass es niemanden gibt, der entscheiden könnte, wie viel nun genau gegeben wurde und wie viel genommen wurde. Das gibt es nur beim Geldgeschäft und beim „Kredit", der abbezahlt werden muss. Was uns hier interessiert, ist also ein symbolischer Tausch im Unterschied zum Geldgeschäft, bei welchem klare Verhältnisse herrschen. Eine Einladung zum Essen zum Beispiel schafft eine gewisse Verpflichtung, falls sie angenommen wird, ebenso ein Geschenk. Wie umfassend diese

Verpflichtung ist, darüber kann man verschiedener Ansicht sein. Das Angebot nicht anzunehmen, bedeutet, frei bleiben zu wollen, und auch das kann harmlos bis kränkend wirken. Wenn mein Kollege mich in der Pause zu einem Kaffee einlädt und für uns beide bezahlt, ist das eine nette Geste, weil die kleine Bindung, die ich damit eingehe, Ausweis einer positiven Beziehung zu ihm ist. Das nächste Mal übernehme ich dann den Kaffee. Lehne ich seine Einladung ab oder bestehe ich darauf, den Kaffee selbst zu bezahlen, kann das durchaus kränkend sei: Von dir nehme ich nichts. Stolz als Ausweis von Eigenständigkeit wird häufig auf diese Weise gelebt und gezeigt: Ich brauche nichts, ich nehme nichts an. Natürlich dient Stolz auch dazu, um Rangordnungen zu markieren: Ich nehme nicht von jedem, von dem nehme ich nichts, von dir aber schon. Beim Trotz, einer Variante des Stolzes, spürt man eher als beim Stolz, dass er seinen Preis hat. Denn Trotz geht häufig mit einem Verlust einher, dem Preis dafür, seine Eigenständigkeit behalten zu können. Mehr dazu in Kapitel 7, in dem es um „Persönlichkeit" geht.

Nehmen verpflichtet, Geben erzeugt einen Anspruch. Nehmen dürfen und Geben können weist mich aus als eigenständige Person. Bei einmaligen Ereignissen ist das noch übersichtlich: Eine Einladung hat meistens eine Gegeneinladung zur Folge, ein Geschenk ein Gegengeschenk, das ist eine Frage der Ehre. Hierüber sind die Tauschpartner einer Meinung. Über den getauschten Wert weniger, er wird ja nicht mit Geldwert gemessen, es wird symbolisch getauscht. Der beste Wein in meinem Keller mag weniger kosten als der Wein in Ihrem Keller, entscheidend ist, dass ich als Gastgeber meinen besten Wein anbiete und mich nicht „lumpen lasse", wie man sagt. Dennoch wäre es mir nicht recht, wenn im Nachhinein mein bester Wein von meinen Gästen abfällig kommentiert würde, ich achte also darauf, dass ich etwas Gutes anbieten kann und auch das ist eine Frage der Ehre.

Auch wenn einmal eine Ungleichheit entstanden ist, ist alles noch übersichtlich. Wenn ich die Kinder meiner Bekannten zwei Mal in die Kita gebracht habe anstatt einmal wie verabredet, dann wird das irgendwie ausgeglichen, mindestens mit einem Dank. Denn danken heißt: Anerkennen, dass man genommen hat. Der Dank ist zuweilen bedeutsamer als die Gegengabe. Danken bedeutet, das Hin und Her von Gabe und Gegengabe zu beenden. Danken macht frei.

Schwieriger mit dem Tausch wird es in länger dauernden Beziehungen. Stets geht ja etwas hin und etwas geht her. Ist es nicht ausgeglichen, bemerkt man das irgendwann und es gibt Forderungen, vielleicht Vorwürfe. Hier beginnt es, kompliziert zu werden, denn der Wert des Gegebenen oder Genommenen ist ja wie bereits gesagt, nicht eindeutig. Es war vielleicht „kaum etwas wert", oder es „steht mir sowieso zu", oder ich habe mehr gegeben als du, weil meines mehr zählt als deines, das ist Alltag. Wie viel ist eine Stunde Mühe wert? Ist die Stunde Mühe eines Oberarztes mehr wert als die Stunde Mühe einer Krankenschwester? In der Lohnabrechnung zweifellos, da ist alles klar, aber wenn die beiden miteinander verheiratet sind und es geht um Haushalt oder Kinder, dann sieht es anders aus. Es kommt darauf an, wer die Mühe aufbringt und was seine Stunde wert ist - seiner eigenen Meinung nach. Das endet oft in Vorwürfen, vor allem zwischen Paaren.

Nachdem der Vorwurf so alltäglich ist, wird er uns in diesem Text noch öfter begegnen. Als erste Überlegung dazu: Es ist sehr unbefriedigend, lediglich einen Vorwurf zu bedienen. Tut man es, setzt es die „Rechnung" nur „auf Null" zurück. Das Bedienen des Vorwurfs ersetzt keinen Dank. Denn wer einen Vorwurf geäußert hat, kann gar nicht mehr danken, denn er hat ja nicht wirklich genommen. Dank gebührt nur dem, der nicht lediglich Schuld getilgt hat, sondern darüber hinaus gegeben hat.

In der Paartherapie gibt es eine schöne Einrichtung zur Pflege strapazierter Beziehungen, die im Übungskapitel nochmals aufgegriffen wird. Sie stellt so etwas wie eine Kur gegen Vorwürfe dar. Ich nenne sie die „Speisekammer". Ich hätte vielleicht auch „Kühlschrank" sagen können, aber das Bild war mir zu kalt. Die Speisekammer war früher ein Raum, in dem Vorräte gelagert wurden, gute Dinge: Äpfel, Konserven, Schinken, Kartoffeln. In der Paartherapie richtet man die „Speisekammer" so ein, dass beide Partner unabhängig voneinander und ohne Ansage immer mal etwas hinein geben, was dem anderen gut tut und zwar tun sie das anlasslos. Eine Gefälligkeit, eine nette Überraschung, eine unerwartete Entlastung. Es muss unabhängig und unerwartet geschehen, damit es nicht zum Bedienen von Vorwürfen wird. Das geheime Ziel der Maßnahme ist es, vom Bestrafungssystem wieder in ein Belohnungssystem zu kommen. Eine Paarbeziehung beginnt ja meistens mit einem Belohnungssystem. Man hört einander zu, verwöhnt den anderen, liest ihm die Wünsche von den Augen ab und so weiter. Leider verwandelt sich die Beziehung im Grau des Alltags nicht selten in ein Bestrafungssystem, und dann steuert man sich vor allem durch gegenseitige Vorwürfe. Es lohnt sich, wieder ins Belohnungsmodell zu kommen, dafür steht die Speisekammer.

Zum Thema „Geben und Nehmen" gehört, dass nicht nur das Geben Bindungen schafft, sondern auch das Nehmen, und dass das auch dann funktioniert, wenn beides ungerecht verteilt ist. Eine solche Beziehung mag von Klagen und Vorwürfen begleitet sein oder von stummem Leiden, aber auch und gerade Ungerechtigkeit bindet sehr stark. Selbst in Gewaltbeziehungen und manchmal gerade dort besteht eine starke Bindung. Die Bindung zwischen Opfer und Täter bezieht ihre Kraft aus dem, was gegeben und genommen wurde, mit anderen Worten aus der Schuld. Auch in Suchtbeziehungen fällt es dem Partner eines Abhängigen schwer, dessen Versprechungen nicht mehr zu glauben. Und zuweilen besteht noch lange die Hoffnung, der andere möge endlich wahrnehmen, was ihm schon alles geopfert wurde und möge sich ändern, eine Hoffnung, die sich selten erfüllt. Es gibt sehr unterschiedliche Arten von Bindungen, die nach dem gleichen Gesetzlichkeiten funktionieren, und die Bindung wirkt um so mehr, je länger das Muster andauert. Zur Bindung zwischen Täter und Opfer wird später mehr gesagt werden.

Ich bleibe zunächst bei guten Bindungen. In guten Bindungen muss es nicht exakt gerecht zugehen, es können durchaus Ungleichheiten bestehen, entscheidend für die „gute" Bindung ist es, dass es beim dankbaren Nehmen bleibt, mit anderen Worten dass das Geben bemerkt wird, und dass es nicht zur Selbstverständlichkeit wird. Das wiederum hat zur Folge, dass die Menge der Vorwürfe nicht zu groß wird. Vorwürfe führen ja meistens gar nicht zu Ausgleichsversuchen, sondern zu Gegenvorwürfen und dann fährt sich die Auseinandersetzung in destruktiver Weise fest. Vorwürfe sind also schlecht für gute Bindungen, je weniger man sie gebraucht, desto besser. Auch dazu mehr im letzten Kapitel. Der Gebende bemerkt sehr wohl, ob er Anerkennung erfährt, eben durch den Dank oder durch eine symbolische Gegengabe, oder ob das nicht der Fall ist, ob sich der Andere daran gewöhnt hat, stets zu nehmen und es inzwischen für eine Selbstverständlichkeit hält. Das dankbare Nehmen also vor allem zeigt die „gute" Bindung.

Abgesehen davon gibt es Beziehungen, die „von Natur aus" nehmende sind, wie etwa die Beziehung zwischen Eltern und Kindern. Nicht allein das Lebensglück, Kinder zu haben, bindet an sie, sondern auch der Umstand, dass sie sehr viel nehmen und dass man sehr viel gibt. Diese Art von Beziehung begründet nicht den Anspruch einer Rückgabe. Sie bleibt für die Eltern eine gebende und für die Kinder eine nehmende. Hier kommt wieder ins Spiel, dass man gibt, was man nicht hat. Die Möglichkeit des Vater- oder Mutter-Seins gehört zwar zum Menschlichen, aber ich habe sie nicht, ich erwecke sie gewissermaßen in mir, und dann bin ich selbst von mir überrascht, was durch diese Weckung passiert. Beispielsweise, dass ich viel mehr geben kann, als ich je gedacht habe oder dass ich zu einer neuen Art von Liebe fähig bin. Eltern wissen das. Und Kinder spüren es. Sie wissen ja nicht, dass sie Kinder sind, es ist einfach ihre Art, zu nehmen. Sie nehmen von den Eltern etwas, das sie nicht zurückgeben können, so wie sie etwas geben, wovon sie nichts wissen, davon wissen nur die Eltern. Wenn sie groß geworden sind, können Kinder natürlich den Eltern etwas geben und sollten das auch tun. Sie sollten ihre Eltern unterstützen, wenn diese bedürftig werden. Sie geben dabei aber nicht das zurück, was sie einst bekommen haben. Wir erinnern uns, die Gabe ist flüchtig. Sie lässt sich nicht aufbewahren, so wie Geld oder Sachwerte.

Wenn man zusammenfassen möchte: Bindungen entstehen durch Geben und Nehmen. Auch dann, wenn es dabei ungerecht zugeht. Oft verwandelt sich eine Paarbeziehung unter der Last des Alltags von einem Belohnungssystem in ein Bestrafungssystem, aber beides bindet aneinander, letzteres vielleicht sogar noch mehr. Viele wissen, wie schwer es ist, sich aus Gewaltbeziehungen zu lösen, denn das Opfer ist an den Täter gebunden und umgekehrt, je mehr geopfert wurde, desto mehr.

In guten Bindungen geht etwas hin und her, es muss nicht gerecht dabei zugehen, aber es muss bemerkt werden, und das schafft der Dank.

3. Die Architektur von Schuld: Täter, Retter, Opfer: Ein Dreieck

Es war bereits mehrfach die Rede davon, dass Schuld konstruiert wird. Ich habe das so ausgedrückt, weil ich deutlich machen möchte, dass Schuld ohne eine bestimmte Denkkonstruktion nicht existieren kann. Diese Konstruktion möchte ich im Folgenden beschreiben, in zwei Varianten: Die eine gilt für „Schuld", die andere beschreibt eine bloße „Verpflichtung". Die Konstruktion ist dieselbe. Der Einfachheit halber beginne ich mit dem Modell für Schuld. Darin nenne ich den, der zu viel genommen hat, „Täter", den, der zu viel geben musste, „Opfer" und - das ist wichtig – die Instanz, die eben dies feststellt und möglicherweise etwas daran ändern könnte, nenne ich „Retter".

Täter, Opfer und Retter bilden so ein Dreieck, in dem Schuld diese drei Positionen befestigt und bestätigt. In der abgemilderten Form, die ich weiter unten beschreibe, wird der „Täter" zum „Nehmenden", das „Opfer" zum „Gebenden" und der „Retter" zum „Moderator." Zunächst aber zur Konstruktion von Schuld im Dreieck „Täter-Opfer-Retter". Diese drei Rollen sind fließend, sie beeinflussen sich gegenseitig und hängen voneinander ab. Keiner der einzelnen Anteile kann für sich allein existieren und die Rollen können unerwartet wechseln.

Retter

Schuld

Täter   Opfer

Anschließend das abgemilderte „Schuld"-Dreieck, bei dem nicht zwingend von

„Schuld" die Rede ist, sondern von „Verpflichtung". Die Rollen werden hier anstelle von Täter, Opfer und Retter „Nehmender", „Gebender" und „Moderator" oder „Erklärer" genannt.

Moderator/Erklärer

Verpflichtung

Nehmer   Geber

Es handelt sich um dasselbe Dreieck. Alle zuvor beschriebenen Zusammenhänge gelten auch hier. Im Einzelnen stellen sie sich folgendermaßen dar:

Dem *Täter* wird Schuld zugewiesen. Auf ihm lastet damit ein Vorwurf. Das *Opfer* begründet aus der Schuld des Täters einen Anspruch, den es als Vorwurf formulieren oder ausdrücken kann. Der *Retter* profitiert vom Potenzial der Schuld, indem er feststellt, wer Täter und Opfer ist und vielleicht für das Opfer Partei ergreift. Damit profitiert der Retter vom Anspruch des Opfers.

Ich möchte die Funktion der einzelnen Rollen zueinander noch etwas erläutern: Der *Täter* wird schuldig durch „zu viel Genommen" oder „nicht Gegeben". Oft handelt er allerdings aus dem Anspruch, zuvor selbst Opfer geworden zu sein, es entwickelt sich ein Spiel um den Austausch der einzelnen Rollen. Daneben existiert aber auch die pure Lust am Nehmen, etwa im Akt der gewollten Überschreitung von Regeln als Ausweis der eigenen Besonderheit, oder einer demonstrativen Einschüchterung (siehe Kapitel 7). Täter kann nur sein, wer nimmt oder genommen hat.

Der Anspruch des *Opfers* begründet einen Ausgleich, er fordert die Bitte um Vergebung oder das Recht zur Vergeltung. Auch die Rolle des Opfers wird zugewiesen oder eingenommen. Dafür muss Schuld erwiesen oder zugewiesen werden. Opfer

21

kann nur sein, wer gegeben hat oder nicht nehmen konnte/durfte. Das Opfer bleibt so lange Opfer, wie dieser Anspruch besteht. Er wird vom Opfer selbst oder von anderen festgestellt.

Der *Retter* eignet sich einen Teil des Opfer-Anspruchs an. Er nimmt sich das Privileg der Schuld-Zuweisung oder eignet es sich durch den Akt der Rettung an. Damit bestimmt er, wer Täter und wer Opfer ist. Die Rolle des Retters (in milderer Form: des Erklärers, des Moderators) wird eingenommen oder zugewiesen. Der Retter profitiert nicht nur vom Anspruch des Opfers, sondern auch davon, kein Täter und kein Opfer zu sein. Er nimmt sich die Deutungshoheit: Hier Täter, hier Opfer. So verteilt er die Potenziale „Anspruch" und „Schuld" und nimmt sich seinen Anteil, er verteilt Macht. Das tut er selbst dann, wenn er zusätzlich Schuld auf sich nimmt oder dann, wenn er Opfer ist. Er eignet sich dann die Täter-Anteile oder die Opfer-Anteile der Schuld an, bleibt aber gleichzeitig Retter und bleibt unschuldig, da der Akt der Übernahme und Aneignung durch die Retter-Attitüde verdeckt wird.

Dabei entsteht Macht und es entsteht Sinn. Das Potenzial der Schuld ist im Grunde nichts anderes als Macht, und eine ihrer Funktionen ist die Gestaltung von Sinn. Weshalb etwas so oder so geschehen ist, wie es zusammenhängt, wer verantwortlich war und so weiter. *Jeder* kann jederzeit den Versuch unternehmen, dieses Dreieck zu konstruieren. Wenn der Reiz, den dieses Unterfangen auslöst, groß genug ist, funktioniert die Konstruktion unmittelbar. Wer Kinder hat, weiß das. Der hat mich geschubst! Nein, habe ich nicht! Doch, hast du wohl! Folgt eine Rache-Aktion, werden die Eltern rettend eingreifen und schlichten, dabei müssen sie sich vermutlich aber gleich beschuldigen lassen von dem, der sich zu kurz gekommen glaubt. Das ist kindisch, aber dieselben Vorgänge existieren auf allen Ebenen, bis hinein in Politik und Diplomatie, wie sich täglich beobachten lässt. Macht wird ausgeübt, Sinn wird konstruiert.

Zum Zeitlichen der Schuld: Die Vorgänge im Dreieck sind nicht auf ein Ende hin ausgelegt. Sie laufen weiter, weil immer wieder ein neuer Reiz gesetzt wird, zum

Beispiel eine neue Herausforderung, ein Gegenvorwurf, ein Vergeltungsakt oder ein Rollenwechsel. Auf diese Weise können sie endlos ablaufen. Sie folgen damit den Gesetzen des *Spiels*, das keinen Zweck und auch kein Ende hat. Nach dem Spiel ist vor dem Spiel, sagt man, und der Verlierer von heute könnte der Gewinner von morgen sein.

Schuld „spielt" also auf diese Weise mit den drei Rollen und die Akteure spielen mit ihr, mit ihrer Energie. Man kann versuchen, das Spiel zu beenden mit einem Ausgleich oder mit dem Verzicht auf das Spiel selbst. Es kann aber wieder in Gang gesetzt werden durch eine erneute Anklage.

Im Unterschied zur „Gabe" verschwindet Schuld nicht von selbst. Sie ist gleichsam dunkle Energie, die jederzeit wieder ins Spiel gebracht werden kann, so lange man von ihr weiß, so lange das Dreieck aktiv ist. Schuld ist Teil der Architektur von Vergangenheit und der Erzeugung von Sinn.

Wechsel der Rollen:

Es kann leicht geschehen, dass die einzelnen Rollen wechseln. Beispiele für einen solchen Rollenwechsel liefern viele Krimi-Erzählungen. Ich konstruiere hier einmal eine geläufige:

Ein Ermittler ist auf der Jagd nach einem gefährlichen Mörder: Der Retter jagt also den Täter. Das Opfer war der Vater des Täters, es scheint ein heimtückischer Mord gewesen zu sein. In der Erzählung steht somit schwere Schuld im Raum, die Rollen sind zunächst klar verteilt. Im Lauf der Ermittlungen stellt sich aber heraus, dass der Mörder vom Opfer, seinem Vater also, über Jahre hinaus grausam gequält wurde. In einem Akt der Selbstbefreiung hat er seinen Peiniger getötet, es war also keine Heimtücke, sondern eigentlich Notwehr: Der Täter wird zum Opfer. Aber der Ermittler ist von der Heimtücke des Täters überzeugt, entlastende Hinweise ignoriert er. Er will den Mörder zur Strecke bringen, weil er für seine Karriere einen Erfolg benötigt. Der Retter wird nun zum Täter, er verrät seine Retter-Rolle aus egoistischen Motiven. Der

Showdown verläuft dann so, dass der Ermittler unerwartet in die Gewalt des Mörders gerät. Dieser könnte ihn jetzt töten, richtet sich aber selbst durch einen Suizid: Der Täter wird am Ende zum Retter der Moral und wird vollends zum Opfer, seine Täter-Anteile sind nahezu verschwunden.

Als Zuschauer oder Leser ist man vom Spiel des Potenzials zwischen den Rollen-wechseln fasziniert, denn damit wird Spannung erzeugt. Selten ist eine Erzählung da-her nur auf feststehenden Rollen aufgebaut, meistens wechseln die Rollen. Und last but not least: Als Leser oder Zuschauer werden wir selbst in die Rolle des Erklärers - als Variante der Retter-Rolle - eingeladen. Wir dürfen urteilen und verurteilen.

Nachdem Schuld als Energiepotenzial und als Sinnstiftung wirkt, erzeugt ihr Vorhan-densein einen ständigen Druck. Das bedeutet, es entsteht sofort das beschriebene Dreieck, sobald die Möglichkeit von „Schuld" im Raum steht. Durch das Energiepo-tenzial der Schuld werden die Beteiligten dazu angetrieben, die Rollen immer wieder neu zu definieren. Das geschieht nicht nur in Erzählungen, sondern auch in der Reali-tät. Und wie bereits bemerkt, läuft der Prozess im Kreis, ohne Ziel und Ende, das be-deutet, das Spiel mit der Schuld wird vom Anreiz des Potenzials weiter getrieben. Und jeder kann in diesem Spiel prinzipiell Täter, Opfer und Retter nacheinander wer-den. In der Funktion des „Retters" kann der frühere „Täter" die Rollen neu definie-ren, das kann auch das „Opfer" tun: „Du bist schuld", „Ich bin nicht schuld", „Er ist schuld", und im Verlauf des Schuld-Spiels eine Neuordnung versuchen: „Ich habe nichts falsch gemacht" „Man beschuldigt mich zu Unrecht", „Ich musste ihm zur Verfügung stehen", „Wir haben es uns nicht leicht gemacht, ihn des Verbrechens zu überführen". In meinem obigen Beispiel endet das Ganze mit dem Tod des Mörders, würde er weiter am Leben leben, könnte die Erzählung auch ohne weiteres mit neuen Rollenbesetzungen fortgesetzt werden, davon zehren Fortsetzungsromane.

Auf eine Variante der Retter-Attitüde möchte ich noch näher eingehen, ich nenne sie den „Rausch der Schuldlosigkeit". Dieser Rausch bezieht seine „entfesselte" Energie aus der Fixierung auf eine feststehende Kombination aus Opfer- und Retter-Attitüde. Wer Opfer und Retter zugleich ist, für den gelten keine moralischen Schranken mehr, er kann alles rechtfertigen, was er tut. Er ähnelt auf diese Weise dem „Fürsten" (siehe 7. Kapitel). Im Fall eines Politikers, eines gewaltsam agierenden Populisten oder Diktators steht dem zwar die gesellschaftliche Gewaltenteilung entgegen, in welcher Gerichte und die öffentliche Meinung einen solchen Rausch verhindern sollen, wir erleben aber täglich, dass diese sinnvolle Bremsfunktion versagt. Diejenigen, die vom Opfer/Retter als „Täter" identifiziert werden, können gnadenlos verfolgt werden und ein Teil der öffentlichen Meinung folgt dem nach, so lange es gelingt, diesen Rausch aufrecht zu erhalten. Es handelt sich stets um dasselbe Muster und es bezieht seine Energie ebenfalls aus der Schuld, genau gesagt aus einer exzessiven Schuldzuweisung, soll heißen aus dem Opfer-Anspruch, der so kreiert wird.

So viel zunächst zur Konstruktion von Schuld. Anfügen möchte ich, dass sich das beschriebene Dreieck dadurch stabilisiert, dass der *bewusste* Anteil einer Rolle (das ist immer der gebende) betont, und der *unbewusste* (immer der nehmende, welcher aber der eigentlich „begehrte" ist), verleugnet oder verdrängt wird.

In meiner Familie gab es eine ältere Tante, die jeden Tag das Brot vom Vortag aß, obwohl frisches Brot im Korb lag. Man muss das auch essen, sagte sie und natürlich hatte sie damit Recht, wir haben dem als Kinder nicht widersprochen. Aber wir entwickelten eine starke Abneigung gegen diese Tante, die wir aus unserem kindlichen Verständnis natürlich nicht hätten begründen können. Heute kann ich es. Das Verhalten der Tante drückte einen moralischen Vorwurf gegen uns aus und machte uns zu verwöhnten Kindern, welche nur frisches Brot essen wollten und das alte gewissenlos vergeudeten. Die Tante zeigte uns jeden Tag, dass sie uns moralisch überlegen war. Zugegeben hätte sie es sicherlich nicht. Mit der Frische der Jugend, über die wir unsererseits verfügten, machten wir uns gegen diesen Vorwurf immun, und die Tante musste eben immer altes Brot essen, weil jeden Tag etwas übrig geblieben ist. Ihr Griff nach moralischer Überlegenheit war meiner Tante nicht bewusst.

4. Schuld macht Sinn

Es war bereits davon die Rede, dass eine Funktion von Schuld auch darin besteht, dass sie Sinn konstruiert. Darauf möchte ich nun näher eingehen und ein Beispiel anführen.

Nehmen wir an, zwischen „ihm" und „ihr" gab es einen Streit. Man geht unversöhnt auseinander, er setzt sich auf sein Motorrad und erleidet ein paar Kilometer entfernt von zu Hause einen tödlichen Unfall. Zu schnell gefahren, meint die Polizei. Die Partnerin sagt: Ich bin schuld. Ich hätte ihn nicht fahren lassen dürfen und jetzt ist er meinetwegen verunglückt. Wie auch immer man die Ereignisse bewerten will, Schuld steht sofort im Raum. Und wenn man das Dreieck „Täter, Opfer, Retter" in Betracht zieht, scheint der Verunglückte das Opfer zu sein. Dann bleibt als Täterin nur die Partnerin. Nimmt man zu den drei Rollen die drei Ebenen der Schuld hinzu, also die juristische, die moralische und die persönliche, so wird juristisch natürlich niemand die Partnerin beschuldigen. Das moralische Urteil könnten indessen die Angehörigen des Paares fällen, hier kommt es darauf an, für wen sie Partei ergreifen. Es wird Retter oder Erklärer darunter geben, diese Rollen liegen ja nahe. Die persönliche Schuld aber gibt sich vermutlich zunächst die Partnerin.

Mit Hilfe von Schuld wird Sinn konstruiert. Das kann zum Beispiel so aussehen:
Sie hat ihm immer Vorwürfe gemacht, weil er Motorrad gefahren ist, hat ihm seinen Spaß nicht gegönnt und dafür plädiert, das Geld vernünftiger anzulegen. Überhaupt hat sie ihm nichts gegönnt. Wenn sie netter mit ihm umgegangen wäre, wäre es nicht zu dem Unfall gekommen und nun ist er tot, daran trägt sie die Schuld. Vielleicht verläuft das Denken der Partnerin ähnlich. Man neigt ja dazu, das Schlimmste anzunehmen.

Seltsamerweise kommt in diesem Beispiel niemand auf die Idee, dem Fahrer selbst die Verantwortung und damit auch die Schuld zuzuweisen. Selbst wenn die Polizei feststellt, dass er zu riskant gefahren sein müsse, wird das kaum für eine entsprechende Zuweisung ausreichen, denn er hat ja sein Leben verloren und das wird leicht zu „hingegeben". Wer gibt, ist Opfer.

Eine andere Sinnkonstruktion könnte so aussehen: Der Fahrer hat unverantwortlich gehandelt, weil er sich im Zorn aufs Motorrad gesetzt hat und seine Aggressivität auf so gefährliche Weise ausagiert hat. Er hat nicht nur sich selbst, sondern auch andere in Gefahr gebracht. Er ist selbst schuld an dem, was passiert ist. Er allein ist verantwortlich. Aber auch das ist eine Sinnkonstruktion, in der etwas Wesentliches fehlt: Der Zufall. Was geschieht, liegt nur teilweise in unserer Hand. Man hätte gern Einfluss auf die Ereignisse und konstruiert im Nachhinein Sinn. Aber in unserem Beispiel hat auch der Zufall mitregiert oder das Schicksal, und das sind Einflüsse, die außerhalb der Schuldkonstruktion liegen.

Gläubige Menschen werden hierzu Antworten haben, die mit ihren religiösen Überzeugungen zusammenhängen. Aber auch sie konstruieren etwas, geben dem einen Sinn, was einfach geschehen ist, indem sie auf eine religiöse Erzählung zurückgreifen. Dinge geschehen einfach und das ist schwer zu akzeptieren. Wir denken gern kausal, wir wollen, dass das eine aus dem anderen folgt, das ist menschlich.

Letzten Endes wird es der Frau, deren Partner umgekommen ist, vielleicht helfen, wenn sie den Zufall einbezieht und anerkennen kann, dass hier auch das eine Rolle gespielt hat, was man Unglück nennt und woran niemand schuld ist.

Ein weiteres Beispiel stammt aus meiner supervisorischen Tätigkeit an einer psychiatrischen Klinik:

Eine verwirrte Patientin verließ unbemerkt die geschlossene Station, überquerte die nahe gelegene Straße und wurde dabei von einem Autofahrer tödlich verletzt. Es gab danach eine Stationsbesprechung, bei der das Ereignis erörtert wurde. Natürlich war die diensthabende Schwester für den Umstand verantwortlich, dass die Tür der Station unbeaufsichtigt geblieben war, und ohne dieses Versagen hätte die Patientin die Station nicht verlassen können. Aber die Besprechung befasste sich geraume Zeit mit der Frage, wer nun „die Schuld" am Tod der Patientin habe. Die genannte Pflegerin, die gerade Dienst hatte, die Stationsschwester oder der Arzt als Leiter der Station? Schließlich ging es auch noch um den Fahrer des Wagens, der die Patientin erfasste, als sie über die Straße lief. Bemerkenswert schien mir damals, dass der Zufall, der hier eine ganz entscheidende Rolle beim Zusammentreffen aller Ereignisse gespielt hatte, zunächst überhaupt nicht in Betracht gezogen wurde. Dass also die Tür gerade nicht beaufsichtigt wurde, als eben diese verwirrte Patientin sie öffnete, dass niemand sie auf ihrem Weg zur Straße bemerkte, dass sie überhaupt diese Richtung einschlug, dass in dem Augenblick ein Auto heran kam, dass sie von dem Wagen erfasst und so schwer verletzt wurde, dass sie starb. Eine Kette von Ereignissen, die keinen ursächlichen Zusammenhang haben müssen, keines folgt zwingend aus dem anderen. Dennoch wurde im Lichte der „Schuldfrage" dieser Zusammenhang von den Stationsmitarbeitern sofort hergestellt und von dieser Konstruktion her das Geschehene bewertet. Es musste jemand Schuld haben, weil alle sich schuldig fühlten. Jeder hat sich gefragt: War ich Schuld? Eine Gruppe von „Erklärern" oder „Rettern". Rettern schon berufshalber, über denen plötzlich die dunkle Wolke der Schuld hing.

Nun gibt es keine Patentlösung dafür, wie so etwas aufzuarbeiten ist. Man kann festhalten, dass es sehr wichtig ist, in geschlossenen Stationen die Türen zu beaufsichtigen, weil sonst Patienten gefährdet sind. Nimmt man den Fahrer des Wagens aus, waren alles weitere unglückliche Umstände. Die diensthabende Person sollte nicht weiterleben müssen mit der Vorstellung, sie wäre schuld am Tod einer Patientin.

Ein drittes Beispiel: Jemand fährt mit dem Wagen in einem Wohngebiet, dreißig Stundenkilometer sind erlaubt, er fährt nicht schneller. Ein Kind läuft plötzlich zwischen geparkten Autos heraus auf die Straße. Der Fahrer kann nicht mehr ausreichend bremsen, das Kind wird tödlich verletzt. Ein Alptraum. Ein Alptraum, den jeder von uns erleben könnte. Wer ist in diesem Fall woran schuld? Juristen werden dafür eine Antwort haben, der Fahrer wird Schuld zugeschrieben bekommen, nachdem es eine

Regel gibt, dass ein Fahrzeug jederzeit ausreichend beherrscht werden muss. Aber wir wissen alle, dass Mobilität Opfer fordert, die wir in Kauf nehmen. Im Jahr 2023 sind fast dreitausend Menschen durch die Einwirkung von Fahrzeugen ums Leben gekommen. Das relativiert keinen einzigen Fall, in dem ein Mensch sterben musste. Die Eltern des getöteten Kindes interessieren sich nicht für Statistiken. Dem Kind wurde sein Leben genommen und zwar durchaus von dem Fahrer, der das nicht gewollt hat, er wollte nur von A nach B fahren. Dennoch: Aus meiner Sicht handelt es sich hier um schwere Schuld. Auch dann, wenn juristisch kein schwerwiegendes Urteil gefällt wurde und auch dann, wenn der Fahrer nicht zu schnell gefahren ist. Worauf ich hinaus will: Schuld kann einem zufallen, schicksalhaft. Niemand ist in der Lage, diesen Umstand auszuschließen. Und niemand kann von vornherein sagen, wie schwer diese Schuld wiegt. Was da zu tun ist, wie man so etwas tragen kann, dazu später mehr. Im 9. Kapitel wird dieser Weg weiter verfolgt werden.

Ich möchte noch einmal zur Sinnkonstruktion zurückkehren, um welche sich dieses Kapitel dreht.

Viele Beispiele, in denen Personen oder Personengruppen verantwortlich für eingetretenes Unheil gemacht wurden oder werden, sind aus der Geschichte, aber auch aus der Gegenwart bekannt. Man sollte sich klar machen, dass ursächliche Zusammenhänge zwischen Ereignissen immer nachträglich konstruiert werden. Sie müssen keineswegs den Tatsachen entsprechen, sondern eher dem Bedürfnis, dem Geschehenen Sinn zu geben. Schuld macht Sinn.

Hierher gehört eine Überlegung zu den bereits erwähnten religiösen Aspekten: Nachdem dieses Buch vom profanen und nicht vom religiösen Umgang mit Schuld handelt, möchte ich auf den letzteren nur kurz eingehen. Ich tue es an dieser Stelle, da es sich auch beim religiösen Verständnis von Schuld um eine Sinnkonstruktion handelt. Mein Modell des Dreiecks kann darauf nicht angewendet werden, es wirkt hier eine weitere, eine übersinnliche Instanz und es handelt sich damit gewissermaßen um ein Viereck. Diese übersinnliche Instanz wirkt dort, wo ich nichts gesetzt habe und statt dessen vom „Schicksal" spreche. Im religiösen Verständnis gibt es dieses unpersönliche Schicksal aber nicht, sondern statt dessen eine ordnende und leitende Instanz - das mag Gott sein, eine Instanz also, die alles, was geschieht, mit Sinn gestaltet und erfüllt, auch Schuld. Dieser Instanz ist es vorbehalten, Menschen mit Schuld zu prüfen oder ihnen die Gnade der Vergebung zukommen zu lassen. Das kann tröstlich sein, denn man ist nicht allein gelassen mit dem Schicksalhaften, das unpersönlich und gleichgültig ist. In meinem eigenen Verständnis wird mir damit meine Schuld und meine Verantwortlichkeit aber genommen, ich gehe dann nicht mehr selbst damit um, da ich nicht einschätzen kann, was mir von einer höheren Macht aus der Hand genommen wird und was nicht. Es könnte Hilflosigkeit vermehren statt vermindern, wenn Zweifel an der Gültigkeit dieser umfassenden religiösen Sinnkonstruktion aufkommen. Gleichwohl bietet sie für Menschen, die sie gewählt haben, einen Halt, und sie bietet auch einen Raum, in dem Leid und Trauer gemeinsam erfahren werden können, ohne dass man sich dessen zu schämen braucht. Einen Raum, der im Profanen meistens fehlt, was zu bedauern ist. Damit befinde ich mich indessen bereits an der Grenze einer allgemeinen Glaubensdiskussion, die ich hier nicht führen kann und auch nicht will. Diesen Weg werde ich deshalb nicht weiter verfolgen.

5. Schuld, Scham und Verantwortung

Obgleich die Erfahrung von Schuld universell ist, also für alle Menschen gültig, gibt es kulturelle Unterschiede im Umgang mit Schuld, nachdem in verschiedenen Kulturen auch verschiedenartige Verbote existieren, deren Übertretung als schuldhaft wahrgenommen wird.

Die amerikanische Anthropologin Ruth Benedict hat während des zweiten Weltkrieges im Auftrag des amerikanischen Verteidigungsministeriums eine Feldforschung mit japanischen Migranten und Kriegsgefangenen durchgeführt. Angeregt wurde die Untersuchung durch die Wahrnehmung, dass japanische Soldaten einerseits bis zur Selbstaufgabe kämpften - wenn sie in Gefangenschaft gerieten, aber ohne weiteres Auskünfte über militärische Zusammenhänge gaben, wie sie amerikanische Soldaten aus Loyalität nie erteilt hätten. Man empfand diese Tatsache als so seltsam, dass man mehr über die japanische Mentalität wissen wollte. Daraus ist Benedicts Buch „Chrysantheme und Schwert" entstanden, in welchem sie ihre Untersuchungen veröffentlicht hat. Darin unterscheidet sie eine asiatische „Schamkultur" von der europäischen „Schuldkultur". Ihr bemerkenswertes Buch enthält viele anschauliche Beispiele, die zeigen, dass unsere europäisch-christliche Tradition des „Gewissens", also einer inneren Instanz, die moralisches Verhalten einfordert, anders funktioniert als die konfuzianisch geprägte östliche Moral, die vor allem das regelt, was von anderen gesehen werden kann, also in erster Linie der Scham verpflichtet ist. Oder besser gesagt, der möglichen Beschämung, also dem, was andere einem schuldhaft zuschreiben. In der „Schamkultur" ist Schuld etwas, das bemerkt wird. Das Gewissen in einer „Schuldkultur" kann nicht beobachtet werden, Fehlverhalten jedoch sehr wohl.

Fazit ist, dass es kulturell erhebliche Unterschiede gibt in der Art und Weise, wie Moral und Schuld zusammenspielen. Das Gewissen ist ein Erziehungsprodukt, gerade so wie das japanische „On", die Verpflichtung, die von außen beobachtet wird und deren Verletzung Sanktionen nach sich zieht.

Als eine aktuelle Form dieser Beobachtungs- oder Beschämungskultur könnte das in China übliche umfassende digitale Erfassen von Fehlverhalten gelten, das ein „Social Credit System" zur Folge hat und mit dem Verlust von Ansprüchen straft, wenn Bürger durch überall angebrachte Kameras dabei beobachtet werden, dass sie öffentlich Fehler begehen.

Hierher gehören aber auch die im Internet durchgeführten Aktionen öffentlicher Beschämung, bei denen angeblich schuldhaftes Verhalten von Personen oder Institutionen gebrandmarkt wird mit der Absicht, den so Angeklagten zu schaden. Häufig handeln die Akteure im „Retter"-Modus, indem sie sich für ihr eigenes oder für andere Opfer engagieren und die Berechtigung ihres Handelns daraus schöpfen. Wer an solchem öffentlichen Pranger landet, muss nicht selten mit seiner Entlassung rechnen, als Künstler mit der Absage seiner Veranstaltungen oder im beruflichen Bereich schlimmstenfalls mit dem Ruin. Das Internet und die Möglichkeit, darin kollektiv und emotional zu reagieren, um so anonymer je größer die Menge der Kläger oder „Retter", begünstigt diese Form von „Cancel-Culture". Es handelt sich um nichts anderes als um eine Beschämungskultur, die sich in der Anonymität des Internet leicht ausbreiten kann.

Sich schämen kann ein Prozess der Reife sein, nachdem sich schämen bedeutet, sich mit der eigenen Schuld zu konfrontieren. Dieser Prozess kann dazu führen, für das Thema, dessen man sich zuvor geschämt hat, künftig mehr Verantwortung zu übernehmen und hier kann auch die gesellschaftlich positive Funktion der Scham vermutet werden.

Es macht allerdings einen großen Unterschied, ob dieser Vorgang dem Betroffenen selbst überlassen bleibt, ihm und seinem Gewissen, oder ob eine öffentliche Beschämung vorgenommen wird, die von außen organisiert wird. Solche kollektiven Beschämungen können sehr verletzend sein. Wenn etwa Jugendliche beschließen, einen Mitschüler digital zu verunglimpfen, geschieht eine brutale Stigmatisierung, bei der sich „Blasen" von Tätern zusammentun, die ein Opfer drangsalieren und sich nur als

„Erklärer" von etwas angeblich Anstößigem verstehen, das sie mit Bildern und Hasstexten belegen wollen. Daraus entsteht die von altersher bekannte Hexenjagd, für die es viele üble Vorbilder gibt, keineswegs nur unter Jugendlichen. Hier geht es nicht nur um Schuldzuweisung, sondern um die pure Lust an der Aggression, welche durch Scheinheiligkeit nur schlecht verdeckt wird.

Wenn es um Übertretungen geht, geht es auch um Strafen. Die beschriebene Hexenjagd möchte auf eine primitive, archaische Weise strafen und das möglichst hart: Dem vermeintlichen Täter soll möglichst viel genommen werden, sein Beruf, seine Existenzgrundlage, seine Ehre. Geordneter geht es beim „Social Credit"-System zu, bei dem den zu Strafenden die normalen bürgerlichen Möglichkeiten sukzessive reduziert werden. Er bekommt keinen Kredit mehr, keine Fahrkarte und so weiter. Zeigt er Wohlverhalten über einen gewissen Zeitraum, kann er sich diese Privilegien wieder erwerben und so leben wie die anderen auch. Das erzeugt die Vorstellung, dass man sich seine Lebensumstände ständig neu verdienen müsse. Der wesentliche Unterschied zu westlich demokratisch-liberalen Gesellschaften ist der, dass hier diese Privilegien dauerhaft bestehen und dass sie nur bei schweren Straftaten durch einen Richter entzogen werden, der sich an geltendes Recht halten muss, das für alle einsehbar bleibt.

Inwieweit Strafe, Beschämung und die Rückkehr zur Verantwortung zusammenhängen, soll hier nicht weiter erörtert werden, das halte ich eher für eine juristische Diskussion. Aufgegriffen wird das Thema noch einmal im 9. Kapitel.

Hierher gehört auch das Geständnis. Es spielt eine Rolle auf der juristischen Ebene von Schuld, aber auch bei persönlicher Schuld. Das Motiv für ein Geständnis ist meistens, dass es als erleichternd empfunden wird. Und tatsächlich mindert es auf der juristischen Ebene häufig das Ausmaß der Schuldzuschreibung und damit auch dasjenige der Strafe. Wendet man das Dreieck der Schuld darauf an, so ist es auf der juristischen Ebene der Richter, der die Rolle des Retters einnimmt. Er kann härter strafen oder mich vor größerer Strafe retten. Auf der persönlichen Ebene wird derjenige, dem das Geständnis gemacht wird, ebenfalls in die Retter-Rolle gebracht, manchmal ob er will oder nicht, mit entsprechenden Erwartungen. Vom Geständnis seiner Missetat erhofft man sich Milde. In therapeutischen Behandlungen nimmt der Bericht des Patienten manchmal die Form eines Geständnisses an. Dann ist es wichtig, sensibel mit den Inhalten umzugehen, um die Erwartungen an den therapeutischen Retter nicht unangemessen zu vertiefen. Statt dessen gilt es, den Betreffenden dabei zu unterstützen, nach Möglichkeit sein eigener „Retter" zu werden.

Wie steht es mit Schuld und Verantwortung? Verantwortung auf sich nehmen ist eine Voraussetzung, um sinnvoll, zweckmäßig und moralisch vertretbar zu handeln. Man sucht Verantwortung, um sich zu bewähren oder jemand gibt mir Verantwortung, das bedeutet, mir wird etwas anvertraut. Ohne verantwortlich handelnde Menschen wären wir verloren. Gleichzeitig wirft Schuld von Beginn an ihren Schatten auf Verantwortung. Das spürt jeder, der sie übernimmt, denn wenn er versagt, wenn er der Verantwortung nicht genügt, kann er schuldig werden. Den Zusammenhang von Verantwortung und Schuld möchte ich ebenfalls im 9. Kapitel weiter erörtern.

Es gibt aber auch die Lust an der Schuld, die Lust an der Überschreitung. In modernen Gesellschaften stehen wenig Wege zu wirklicher Souveränität offen, zum Gefühl also, ganz unabhängig zu sein. Ein moralisch fragwürdiger Weg zur Souveränität besteht darin, Regeln zu überschreiten, die von anderen beachtet werden. Schuld spielt dabei insofern eine Rolle, als derjenige, der so handelt, sich scheinbar davon befreit, er handelt ja in den Augen der anderen unverantwortlich. Es ist ihm nicht nur egal, es ist geradezu Teil der Überschreitungslust, schuldig zu werden. Typisch ist dieses Verhalten für Jugendliche, die „über die Stränge schlagen", allerdings auch für manche Zeitgenossen, die versuchen, sich zum Herrn ihrer eigenen Regeln aufzuschwingen und sich um Kritik von außen nicht kümmern.
Moderne Gesellschaften versuchen, zugunsten der Liberalität möglichst wenig Ein-

schränkungen und Verbote auszusprechen. Das setzt aber die persönliche Verantwortung voraus, diese Liberalität nicht zu missbrauchen und sich freiwillig zugunsten
anderer einzuschränken, das bedeutet, Beschränkungen zu akzeptieren, die für das
Gemeinwohl erforderlich sind. In unseren Tagen ist das keineswegs mehr selbstverständlich. Statt dessen scheint es eine beinahe hysterische Abneigung gegen jede Ein-
schränkung des Konsumierens zu geben, gegen sogenannte „Verbotspolitik", begleitet von der Idee, dass der Konsument und seine uneingeschränkten Bedürfnisse der
bestimmende Faktor sein müsse, eine Idee, die mit „Freiheit" gleichgesetzt wird. Die
Rechtfertigung dieser egoistischen Vorstellung operiert wie so oft im „Opfer-
Modus", nachdem die Betreffenden vor allem ihre persönliche Freiheit eingeschränkt
sehen.

6. Das Spiel um Rache. Ist Vergebung möglich? Ausgleichsversuche

Es gab und gibt stets den Versuch, Schuld auszugleichen, ähnlich einem Geschäft, bei dem Schulden getilgt werden, indem man sie zurückbezahlt. Diese Versuche sind, wenn es sich um Schuld handelt, meistens hilflos, denn sie wirken nicht als Ausgleich. Das mag keine gute Nachricht sein, aber wenn man die Existenz von Schuld ernst nimmt, dann gibt es keinen Ausgleich, sonst wäre Schuld nur ein Kredit, der so lange erteilt wird, bis eben wieder ein Ausgleich erfolgt. Es kann aber nicht das zurück gegeben werden, was zuvor genommen wurde, trotz uralter Versprechungen, etwa „Auge um Auge, Zahn um Zahn". Das würde nur dann funktionieren, wenn es einen allgemeinen Wert gäbe für schuldhaft Genommenes und für diesen allgemeinen Wert steht nur das Geld und das Geschäft. Da Schuld aber nicht mit Geldwert gemessen werden kann, kann auch nichts zurückgegeben werden. Das liegt am Flüchtigen der „Gabe". Was jemandem genommen wurde, nicht die fassbaren Güter gerechnet, sondern die Verletzung, der Verlust von etwas Persönlichem, kann nicht einfach wieder ersetzt werden. Das ist geschehen, unwiederholbar.

Auch Rache tilgt keine Schuld. Sie erzeugt statt dessen neue Schuld, sie dreht eine Spirale weiter. Hierbei hilft zum Verständnis das bereits eingeführte Bild vom „Spiel". Nachdem Rache, Vergeltung oder auch Vergebung keine Geschäfte sind, gleichen sie nicht aus, sie schaffen statt dessen ein neues Ereignis. Rache oder Vergeltung wirken als Herausforderung in einem Spiel, das wenn es einmal angefangen hat, nur schwer zu beenden ist, denn jedes Mal geht es aufs Neue darum, wer gewinnt. Die „Vergeltung" stellt dabei nur eine Rechtfertigung dar, um das Spiel wieder in eine neue Runde zu bringen, der Ausdruck „Revanche" wäre besser geeignet für das, was sich abspielt, denn es geht jedes Mal darum, zu gewinnen. Die Revanche ist ebenso wie die Rache kein Ausgleich, sondern eine Spielregel. Leider gibt es das nur zu oft auch in der Politik.

Ein Beispiel: Eine Provokation mittels terroristischer Aktionen folgt einem feststehenden Muster. Sie will ein Spiel beginnen, das nach den Regeln der Provokateure ablaufen soll. Nachdem Terroristen fast immer im „Opfer-Modus" operieren, rechtfertigen sie ohnehin alles damit, was sie tun. Zudem sind die meisten terroristischen Aktionen von vornherein dazu geplant, Vergeltung herauszufordern. Gelingt das, beginnt die Spirale sich zu drehen. Der taktische Vorteil für die Provokateure besteht darin, ihrem Gegner ein vorher geplantes Spiel aufzuzwingen, ein Spiel, das sie nach ihren Regeln meistens länger und verlustreicher spielen können und ein Spiel, das mit der Zeit vergessen lässt, dass sie die Angreifer waren. Oft ist es schwer für den Provozierten, aus der Spirale auszusteigen, weil Vergeltung einen starken emotionalen Anreiz der Genugtuung setzt. Diplomatisch klug ist Vergeltung indessen nicht. Ihr Preis ist hoch und ihre Folgen radikalisieren viele Menschen. Und auch das ist der Plan der terroristischen Taktiker.

Harmloser und alltäglicher sind die vielen Kränkungen, die zum Alltagsleben gehören und die man sich vielleicht „heimzahlt", weil man etwas tun möchte, was ein Gefühl der Genugtuung schafft. Auch hier regiert die Unvernunft, und auch hierbei handelt es sich um ein Spiel und nicht um ein Geschäft, denn es existiert keine Instanz, die entscheidet, was wie schwer gewogen hat.
Fahren Sie einmal eine Stunde lang auf der Autobahn und beobachten Sie dabei, wie häufig Autofahrer einander provozieren, und wie häufig eine Provokation auf gleicher Ebene beantwortet wird. Etwa zu dicht auffahren oder jemanden schneiden, den Provokateur verfolgen und seinerseits auf gleiche Weise belästigen und so weiter. Auch dies ist ein Spiel, bei dem die Kränkung einen Reiz setzt, eine Herausforderung, die beantwortet wird, ein Spiel, das andauert, wenn ihm nicht ein Ende gesetzt wird. Zum Glück biegt einer irgendwann ab oder der Provokateur gelangt außer Reichweite. Vielleicht sagt ihm auch ein weniger emotional bewegter Mitfahrer, er solle derart gefährliche Spiele bitte bleiben lassen. Wie man solchen Spielen ein Ende setzen kann, dazu soll später im 9. Kapitel mehr gesagt werden.

Wie steht es aber mit Vergebung? Man kann Schuld doch vergeben, oder nicht? Ich fürchte, wenn es sich wirklich um fassbare Schuld handelt und nicht um bloße Schuldgefühle, wird Vergebung kaum nützen. Hinzu kommt, dass nicht jeder einfach alles vergeben kann. Hat sich jemand gegen die allgemeine Moral vergangen, kann ein Einzelner das nicht vergeben, auch dann nicht, wenn er selbst zum Opfer geworden ist. In der Psychotherapie kennt man die „falsche Vergebung", damit ist gemeint, dass jemand, der Opfer geworden ist - häufig geschieht so etwas bei familiärem Missbrauch -, dem Täter später vergeben möchte. Diese Vergebung, auch wenn sie aufrichtig gemeint ist (manchmal kommt sie nur unter Druck zustande) kann das moralische Vergehen des Täters aber nicht aufheben und kann auch die persönliche Schuld, die der Täter auf sich geladen hat, nicht annullieren. Indessen stellt sie, wie jeder Versuch zu vergeben, in jedem Fall eine hilfreiche Geste dar, die ein neues Ereignis setzt, das vielleicht einen positiven Einfluss auf die Beziehung ausübt.

Am besten funktioniert Vergebung bei wenig gravierenden Verstößen. Denn sie setzt ein aktuelles Ereignis, von dem aus man neu anfangen kann, und sie hilft, über das Geschehene hinweg zu kommen.

„Ich entschuldige mich", das geht ohnehin nicht. Man kann sich nicht selbst entschuldigen, da macht die Sprache begrifflich einen Purzelbaum. Es wäre auch zu einfach: Ich benenne mein Fehlverhalten und entschuldige mich gleich dafür. Der andere, den es betraf, braucht dann nur noch sein Einverständnis zu erteilen, in der Art: „Schon gut" oder „macht nichts".

„Es tut mir leid", oder „bitte entschuldige" ist da schon stimmiger. Ausgleichen kann die „Entschuldigung", also die Vergebung nichts und in vielen Fällen ist das auch nicht nötig, denn niemand bleibt ohne Schuld, jeder hinterlässt Spuren. Und so wie die „Gabe" flüchtig ist, ist es am Ende auch die Schuld. Wenn man sich nicht mehr an sie erinnert, wirkt sie nicht mehr.

Anders steht es mit schwerer Schuld. Schwere Schuld bleibt, und da Schuld auch

Sinn konstruiert, ist das in vielen Fällen durchaus sinnvoll, ob im Bereich persönlicher Schuld oder im Kollektiv. Erinnerungskultur bedeutet, dass schwere Schuld nicht vergessen werden soll, weil sie zu tragen bedeutet, sich verantwortlich zu fühlen. Es mag einem seltsam erscheinen, wenn Politiker sich stellvertretend für etwas entschuldigen, das sie nicht begangen haben, und wenn es dabei auch noch um Ereignisse geht, die so weit zurückliegen, dass die wahren Täter bereits nicht mehr leben. Aber sich an Schuld erinnern heißt auch, sich weiter verantwortlich fühlen, es heißt, zuständig sein. Schuld, auch wenn sie eine Denkkonstruktion darstellt, ist ein Besitz, den man nicht einfach los wird. Man sollte nach Möglichkeit etwas daraus gestalten.

Wenn Rache oder Vergebung keinen Ausgleich zur Folge haben, was beendet dann das Spiel? Es sei vorweg genommen: Nur der Verzicht auf den Ausgleich oder ein Rückzug aus dem bösen Spiel können den Vorgang beenden. Mehr dazu in Kapitel 9.

7. Persönlichkeit und Schuld

Beim Geben und Nehmen zeigen sich persönliche Stile. Sie entstehen vor allem daraus, dass wir bestimmte schützende Strategien entwickeln, unsere Bedürfnisse nicht offen zeigen zu müssen. „Geben können und Nehmen dürfen" bezeichnen eine handlungsfähige und selbstständige Person, aber wer ist das in dem Maße wie er sich das wünscht?

Das lateinische Wort „Persona", bedeutet auf deutsch „Maske". Es meint die Maske, hinter welcher wir uns zu verstecken pflegen, um nicht ungeschützt zu sein. Es könnte offenbar werden, dass wir nichts zu geben haben oder nichts nehmen dürfen.

Wir verfügen nicht über die Gabe. Sie ereignet sich in der Begegnung mit einem Gegenüber. Dieses Ereignis zu schaffen, erfordert Mut. Ein Scheitern ist möglich, das erzeugt Angst. Die meisten von uns haben einiges an Kränkungen und Zurückweisun-gen erfahren, haben an ihrer Maske gearbeitet und tragen sie. Je länger man das tut, desto fester sitzt sie. Wir beneiden die Tiere und die kleinen Kinder, die gar keine oder noch keine solche Maske brauchen und vielleicht ist das ein Teil der Anmut, die wir an ihnen wahrnehmen.

Um diese Maske zu veranschaulichen, möchte ich als Erstes einmal beschreiben, was ein Fürst ist - oder vielleicht besser gesagt, was er einst war, früher auch der „Souverän" genannt. Wir werden gleich sehen, dass es sich bei dieser „Maske" leider nicht um ein Auslaufmodell handelt:

Ein Fürst nimmt sich, was er will, er steht über dem Gesetz, er *ist* das Gesetz. Niemand hat das Recht, ihn zu kritisieren, er steht „außer Frage". Der Fürst hört meistens nicht zu, er spricht lieber. Für das Zuhören hat er seine Höflinge, die ihm ausgewählte Botschaften zutragen und sie ihm schmackhaft machen. Ab und zu hält er eine Audienz, dann kann man ihn auch persönlich sprechen. Auf eine solche Audienz muss man allerdings lange warten, und bleibt dann im Vorzimmer sitzen, bis man gerufen wird. Spricht man schließlich mit dem Fürsten, gilt es, Ehrerbietung zu zeigen. Man kann hierbei viel falsch machen, denn der Fürst ist unberechenbar und es gilt, ihn sich gewogen zu machen. Das funktioniert am sichersten durch Gesten der Unterwerfung: Der Fürst muss immer spüren, dass er der Fürst ist. Auf der anderen Seite kann der Fürst auch großzügig sein, er verfügt ja über große Reichtümer. Wenn es ihm gefällt, kann er Untertanen großzügig belohnen, er kann ebenso erhöhen wie erniedrigen. Er bleibt jedoch unvorhersehbar, er möchte, dass seine Umgebung sich niemals sicher fühlt. Man kann und sollte sich auf ihn nicht verlassen, Verabredungen oder Vereinbarungen kann man mit ihm nicht selbstständig treffen, das tut er, wenn überhaupt, dann mit Gleichgestellten.

Kommt Ihnen das bekannt vor? Ich kenne einige Leute, auf die das mehr oder weniger zutrifft. Obwohl diese Art Persönlichkeit eigentlich mit dem Ende des Absolutismus hätte aussterben können, begegnet man ihren Varianten jeden Tag. Viele Personen, die sich so verhalten, genießen öffentliche Aufmerksamkeit, vorausgesetzt sie sind wohlhabend genug oder sind anderweitig von medialem Interesse. Anders ausgedrückt: Es übt auf Menschen offenbar einen Reiz aus, exzessiv zu nehmen oder exzessiv zu geben, einen Reiz, der nicht lediglich auf einen selbst wirkt, sondern auch auf Zuschauer. Vorausgesetzt dass man in diesem Spiel - wieder einmal nenne ich es ein Spiel - in der Oberliga spielt, was Politik, Kunst, Gesellschaft angeht.

Natürlich wird dieser Stil gern von weniger bedeutenden Personen kopiert, vorausgesetzt, sie können ihn sich leisten und leider wird er auch dann kopiert, wenn man es sich zwar finanziell nicht leisten kann, aber meint, man könne es sich persönlich leisten: Großspurigkeit und Übergriffigkeit sind weit verbreitet, wenn sie von der Umgebung erlaubt oder wenigstens hingenommen werden. Selten wird solches Verhalten begrenzt, wenn es nicht strafwürdig ist. Es sei denn, die Betreffenden sind Kleinkinder, die zu eben diesem Verhalten bekanntlich neigen. Indessen genießen Kinder das Privileg, sich noch ausprobieren zu dürfen, sie müssen noch erzogen werden.

Will man persönliche Stile grob eingrenzen, kann man zwei Einteilungen vornehmen: Der Volksmund tut es bereits, wenn dort gesagt wird: Es gibt die vom „Stamme

Nimm" und die von „Stamme Gib". Unser Fürst und seine Nachahmer gehören eindeutig zum Stamme Nimm. Diese Gruppe neigt dazu, ständig Schuld zuzuweisen. Die andere Gruppe, die vom Stamme Gib neigt dazu, sich ständig schuldig zu fühlen. Es ist sicherlich vereinfachend, hier zwei Gruppen unterscheiden zu wollen, aber es handelt sich tatsächlich um zwei Stile und mit beiden Stilen versucht man, Kontrolle über das riskante Geben und Nehmen auszuüben. Und beide Stile sind Masken, mit denen die eigene Verletzlichkeit geschützt werden soll. Man möchte sich im Grunde nicht bedürftig zeigen, aus Furcht, zurück gewiesen zu werden.

Es handelt sich nicht nur um Masken, es handelt sich auch um eine Sinnstiftung, wie im 4. Kapitel ausgeführt wurde. Es ist sinnstiftend, stets andere verantwortlich für Probleme zu machen, es ist aber auch sinnstiftend, wenn man sich selbst ständig für Probleme verantwortlich sieht. Mit beiden Erzählungen lässt sich vieles erklären, was einem widerfährt.

Für die Erzählung: „Ich bin an allem schuld" kennt man in der Psychologie das depressive Selbstkonzept: Die negative Sicht von sich selbst, von der Zukunft, und die Überzeugung, an beidem nichts ändern zu können. Den Grund für Unglück suchen diejenigen, auf die das zutrifft, in der Regel bei sich selbst und rechnen sich ein Versagen stets persönlich an. Sie sind eben an allem selbst schuld. Das wirkt ähnlich, als wenn jemand annimmt, er sei verflucht worden, nachdem alles Negative, das geschieht, dafür eine Bestätigung sein könnte. Mit der Zeit gewöhnt man sich an diese Brille, durch die man ständig schaut, und wenn einmal etwas Positives passiert, nimmt man es kaum mehr wahr. Die Betreffenden, die zum „Stamme Gib" gehören, versuchen, immer wieder zu geben. Sie haben gelernt, dass man so einen gewissen Anspruch erzeugen kann, und dieser Anspruch könnte die Beziehungen besser machen. Leider lässt sich aber die „Gabe", das haben wir bereits gesehen, nicht kreditieren. Man kann sie nicht auf ein Konto einzahlen. Sie erscheint und sie verschwindet wieder. Zuneigung und Aufmerksamkeit, Begehrtwerden kann man sich nicht verdienen, auch nicht und gerade nicht durch permanentes Geben. So richten diese „Gebenden" unbewusst ein Konto ein, über das niemand informiert ist. Nicht einmal sie selbst, weil dieser Vorgang nicht bewusst verläuft. Und sie hören nie damit auf, denn in dem Augenblick, in dem sie „zu wenig" geben, bekommen sie Schuldgefühle, und die führen dazu, dass das Geben wieder aufgenommen wird, bis sie weggehen, für diesmal allerdings nur. Schuldgefühle können Entzugssymptome sein für die Sucht zu geben. Im Ganzen führt das oft zu einem enttäuschten Lebenskonzept und kann natürlich auch zu einer depressiven Erkrankung führen.

Ein Beispiel: Eine Dame, um die Sechzig, Witwe, klagt über Traurigkeit, Antriebslosigkeit und Sinnlosigkeitsgefühle. Sie denkt häufig daran, nicht mehr leben zu wollen und zieht sich aus den wenigen Kontakten zurück, die sie noch hat. Die Symptome passen klinisch zu einer depressiven Entwicklung. Schlimm wurde es, als der Partner starb, den sie vier Jahre lang gepflegt hat. Sie hat zwei Kinder, einen Sohn und eine Tochter, beide leben weiter entfernt. Der Sohn, kinderlos, ist eingebunden in seine berufliche Karriere, er hat nur selten Zeit für einen Besuch. Auch die Tochter, sie hat einen zweijährigen Sohn, pflegt keine regelmäßigen Kontakte zur Mutter. Kommt die Tochter zu Besuch, reagiert sie feindselig auf die gutgemeinten Ratschläge ihrer Mutter und auf die Vorwürfe, dass man das Enkelkind zu selten sehe. Sie verbittet sich die übertriebenen Geschenke, welche dem Kind gemacht werden. Die Großmutter wiederum fühlt sich unverstanden, nachdem die Geschenke teuer waren. Sie weiß nicht, was daran falsch sein soll, fühlt sich bestraft und ungeliebt. Diese ältere Dame war früher Pianistin. Sie hat seinerzeit ihre Karriere abgebrochen, als man sich Kinder wünschte, sie gab dann nur noch ein paar Jahre Klavierunterricht. Das Klavier gibt es noch, aber sie mag darauf nicht spielen. Es erinnert sie an früher und das macht sie traurig. Sie glaubt inzwischen, in ihrem Leben alles falsch gemacht zu haben, denn obwohl sie sich immer angestrengt hat, für ihre Kinder und ihren Ehemann alles zu tun, kommt nichts zurück. Die Pflege des Partners hat ihr in der letzten Zeit noch Struktur gegeben, sie sah einen Sinn darin, für ihn etwas tun zu können. Nach seinem Tod scheint nichts mehr übrig zu sein, ihr Leben ist sinnlos geworden.
Als Psychotherapeut begegnet man vielen Personen, auf die ähnliche Beschreibungen

zutreffen, das Muster ist im Übrigen nicht abhängig vom Lebensalter.

Bei ihnen habe ich die Erfahrung gemacht, dass es wenig verändert, wenn man an Einstellungen arbeitet, wie es oft gemacht wird, denn der hier beschriebene Stil des ausgeprägten Gebens ist den Betroffenen nicht bewusst. Sie verbinden keine bewussten Absicht mit diesem „Geben" oder „Nicht Nehmen", sie tun es einfach. Einer Veränderung von solchen Einstellungen im höheren Alter steht die Menge von Enttäuschungen entgegen, das „schwarze" Konto des über lange Zeit Gegebenen und damit Verlorenen, das man nicht so einfach abschließen kann. Es käme sonst eine Lebensbilanz dabei heraus, die, wenn sie aufgemacht werden würde, das eigene Versagenserleben noch vermehren könnte. Die vorherrschende Äußerung solcher Personen ist demnach der Vorwurf und die Klage, besonders in der Therapie, welche damit nicht selten zu einer Ersatzleistung wird: Zumindest dort es dann etwas Aufmerksamkeit und Zuwendung.

Ich habe bei meinen Behandlungen deshalb einen anderen Weg eingeschlagen. Meistens begann ich damit, einfach die Übungen zum „dankbaren Nehmen" vorzuschlagen, die im nächsten Kapitel aufgeführt sind, ohne viel zu erklären. Ich habe nur darauf be-standen, dass Protokoll darüber geführt werden solle, damit ich sicher sein konnte, dass die Übungen ausgeführt wurden. Das half oft innerhalb kurzer Zeit. Und mit dem Zuwachs von Hoffnung und Selbstwirksamkeit ließ sich danach durchaus auch an überdauernden Einstellungen oder an dem vorwurfsvollen Interaktionsstil arbeiten.

Vom exzessiven Geben Betroffene, also die „vom Stamme Gib" kommen häufig in therapeutische Behandlung. Es ist indessen nicht der einzige Stil, der krank machen kann. Schaut man auf diejenigen vom Stamme „Nimm", so zeigt sich bei näherer Betrachtung, dass sie überraschender Weise genau das nicht tun, nämlich Nehmen. Ihr Stil ist es vielmehr, das ihnen Gegebene zu ignorieren: Es ist nichts wert. Es steht mir ohnehin zu, ich habe Anspruch darauf. Damit wird das Gegebene annulliert, obgleich ihrem Gegenüber durchaus bewusst ist, dass er gegeben hat.

Ein Beispiel: Der fünfzigjährige Mann kommt in Behandlung, weil, das stellt sich nach einigen Stunden heraus, seine Partnerin ihm die Auflage gegeben hat, sich behandeln zu lassen. „Sonst trennt sie sich von mir". Der Mann erscheint anspruchlich, versucht, die Behandlung als Dienstleistung anzusehen, die schließlich von der Kasse bezahlt werde. Es stellt sich heraus, dass er Suchtprobleme hat. Er trinkt zu viel Alkohol und konsumiert regelmäßig Kokain. Der Partnerin gegenüber wurde er zwei Mal ausfällig, er habe sie „geschubst" und „geschüttelt". Ein gemeinsames Gespräch mit ihr zeigt, dass er sie auch geschlagen hat. Der Mann gibt sich im Gespräch als Opfer verschiedener Umstände. Die Eltern haben seine Ambitionen nicht verstanden, er wollte groß rauskommen im Musikgeschäft, ein eigenes Label gründen und musste dennoch früh Geld verdienen. Die kaufmännische Ausbildung habe er bald geschmissen, es seien dort nur Idioten herum gelaufen, er habe eine eigene Werbeagentur eröffnet, die gehe so recht und schlecht. Die Welt sei noch nicht bereit für seine Ideen. Es stellt sich heraus, dass das Paar vor allem vom Gehalt der Partnerin lebt, die in einer Bank arbeitet. Die drohende Trennung würde für den Mann den finanziellen Ruin und den Verlust seiner Wohnung bedeuten. Er hat fünfzigtausend Euro Schulden. Jetzt will sie mir den Hahn abdrehen, klagt er. Sie müssen mir helfen, das ist schließlich Ihr Job.

Auch dies kein seltenes Beispiel. Jemand, der ganz offensichtlich „vom Stamme Nimm" ist, inszeniert sich als Opfer. Was er bekommt, etwa von der Partnerin, ist nichts wert, darauf hat er ja Anspruch nach so vielen Enttäuschungen und Unverstandensein von der Welt, und auch die Therapie soll eine Leistung sein, auf die er Anspruch erhebt, er hat ja seine Krankenkassenbeiträge bezahlt.

Ausgebildete Therapeuten verstehen sich darauf, eine solche „Bring-Struktur" in eine „Komm-Struktur" zu verwandeln: Jede Therapie ist mit Bedingungen versehen. Der Patient muss diese Bedingungen erfüllen, damit die Behandlung stattfindet, er hat keineswegs von vornherein einen Anspruch darauf. Therapien zu Lasten der Krankenkasse werden nur durchgeführt, wenn sie erfolgversprechend genug sind, und der Patient muss dabei mitwirken, er muss für die Behandlung erkennbar Verantwortung übernehmen. Das ist der einfache Teil, aber er ändert bereits einiges, für den Fall, dass der Mann in der Behandlung bleibt. Interessanter ist der Umgang mit dem Beziehungs-Stil des Mannes. Auch er nimmt ja scheinbar nichts, sondern inszeniert sich als „Gebender", als „Opfer" der Umstände. Er versucht sogar, seine Gewaltexzesse damit zu rechtfertigen, dass er von der Partnerin „provoziert" worden sei. Auch hier also wird das „Nehmende" konsequent verdrängt zugunsten des sozial angeseheneren „Gebens". Von außen betrachtet, und das sind die Worte der Partnerin, übernimmt er keine Verantwortung für das, was er tut. Er sagt: Die anderen sind schuld, die anderen sind dumm. In der Therapie, sollte sie erfolgversprechend verlaufen, wird deutlicher werden, wo die größte Angst des Mannes sich befindet, es wird eine Unsicherheit im Geben zutage treten. Er vermeidet mit seiner arroganten Maske das Geben, denn die größte Angst ist es, dass er nichts zu geben hat. Das kann ein längerer Prozess sein, die Veränderung lässt sich auf relativ einfache Weise herstellen: Er lernt das „gute Geben". Dazu mehr in den beiden letzten Kapiteln.

Legt man die Beispiele so verschiedener Personen nebeneinander, könnte man auf den Gedanken kommen: Jeder behauptet, er gebe, keiner nimmt. Aber Geben ist nur eine andere Form von Nehmen, es ist die scheinbar sichere, die sozial verträglichere Form.

Fazit für dieses Kapitel: Es ist das bewusste Nehmen, das ignoriert wird, Geben findet ständig statt, denn Geben scheint die „sichere" Variante. Denn wer gibt, kann dem anderen nichts schuldig bleiben. Jeder will gegeben haben, keiner will genommen haben. Der fatale Irrtum liegt in der Flüchtigkeit der „Gabe". Das, worauf es ankommt, lässt sich nun einmal nicht aufbewahren als Reserve für schlechte Zeiten. Und nur im dankbaren Nehmen liegt dieser besondere Moment, in dem das Gegebene bemerkt und anerkennt werden kann, aber dieser Moment ist rasch vorüber. So behalten beide, die vom „Stamme Nimm" und die vom „Stamme Gib" ihre Maske auf. Sie vermeiden das gute Nehmen und das gute Geben. Mehr dazu ebenfalls im 9. und 10. Kapitel.

Mir fällt die bekannte Fabel von der Ameise und von der Grille ein. Sie geht ungefähr so: Der Winter kommt und die Grille, die den Sommer über fröhlich Musik gemacht hat, klopft hungrig an die Tür der Ameise, die fleißig das Jahr über Vorräte gesammelt hat. Sie wird abgewiesen. Hättest du Vorsorge getroffen, wärst du jetzt nicht in Not. Musik und Fröhlichkeit kann man nun einmal nicht aufheben, sie finden im Hier und Jetzt statt. Aber das lustige Publikum ist längst seiner Wege gegangen und die Zeiten haben sich geändert, es wird bald Winter. Ich weiß nicht, wie die Fabel am Ende ausgeht, ich habe auch nicht nachgesehen. Ich wünsche mir jedenfalls - und vielleicht ist das ja auch tatsächlich das Ende - dass die Grille der Ameise vorschlägt, immer einmal wieder für sie zu spielen, damit der Winter nicht gar so langweilig ist und dafür mit am Tisch sitzen darf, wenn es etwas zu essen gibt. Dann wäre das, was man aufheben kann, also Güter und Dinge, vereint mit dem, was man nicht bewahren kann, was das Leben aber lebenswert macht.

Diesem Kapitel möchte ich eine Überlegung zum „männlichen" und „weiblichen" Stil anfügen, obgleich dies ein schwieriges Feld darstellt. Vordergründig kann man zunächst feststellen, dass der traditionell männliche Stil auf Dominanz ausgerichtet ist. Das bedeutet, er ähnelt in manchem demjenigen des „Fürsten" zu Beginn dieses Kapitels, er stellt also einen „nehmenden Stil" dar. Dann wäre der dazu passende klassisch weibliche Stil vielleicht ein gebender, etwa derjenige des „Aschenputtels", das einen Prinzen benötigt, damit aus ihm etwas wird.
Um die Komplexität der Rollen zu verstehen, sollte man jedoch zwischen Wollen und Begehren entscheiden. Überträgt man Prinz und Aschenputtel ins wirkliche Leben, kommt es darauf an, ob der Prinz sein Aschenputtel nicht nur will, sondern ob er sie begehrt und ob es umgekehrt auch so ist. Rollen und Stereotype oder gesellschaftliche Konventionen, auch moralisch-religiöse Vorstellungen formen zunächst vor allem das Wollen, aber das Wollen ist nicht dasselbe wie das Begehren. Das Wollen lässt sich täuschen, das Begehren meistens nicht. Davon erzählen viele Romane und viele Filme.

Ich will begehrt werden bedeutet, ich möchte jemandem etwas sehr Persönliches geben können und er soll es nur von mir annehmen. Das Begehren will nicht nur nehmen, denn es will Kontrolle, und diese Kontrolle schafft nur das Geben. Wer gibt, hat Macht. Nehmen und Geben liegen im Erotischen indessen sehr nahe beieinander, zuweilen so nahe wie ein Augenblick. Bewusstes Geben und Nehmen schaffen die Bindung, das Begehren aber richtet sich nach etwas, was ich selbst bei mir nicht kenne, es stellt eine zweite Ebene dar, es ist einfach vorhanden oder nicht. Verliebt sein bedeutet vordergründig nehmen wollen, im Kern aber will ich etwas von mir anbieten und hoffe, dass der andere es nehmen wird.

Das Lächeln der Bäckereiverkäuferin aus dem ersten Kapitel kann ich annehmen und wenn ich will, erwidern, das geht schnell, in Sekunden, aber Zeit spielt hier kaum eine Rolle, denn das, was hier gegeben wird, erscheint im Augenblick. Und ein Lächeln wird auch nur angeboten, wenn Aussicht darauf besteht, dass es angenommen wird. Im Lächeln ereignet sich die Gabe. Sie existiert nur jetzt, man kann sie nicht kreditieren, nicht kaufen, nicht verdienen, sie bleibt das uneingelöste Versprechen des Lebens. Man gibt immer, was man nicht hat, genau deswegen ist es so wertvoll. Hätte man es, also besäße man es, könnte „es" in ein Geschäft verwandelt werden und es würde das passieren, was geschieht, wenn ich die Verkäuferin darum bäte, für einen Euro noch einmal so nett zu lächeln.

Im Märchen vom Aschenputtel stimmt die Erzählung nur dann, wenn sowohl der Prinz als auch Aschenputtel sich ineinander verlieben. Der Rahmen der Erzählung könnte genau so gut auch ein anderer sein, etwa: der Küchenjunge verliebt sich in die Prinzessin, zwei Küchenjungen oder zwei Prinzessinnen verlieben sich ineinander und so weiter. Das traditionelle Beziehungsgerüst, etwa ein patriarchales männerdominantes System ist davon nicht abhängig, es ist bloß ein Gerüst des Wollens. Es wird ständig überbaut, durchkreuzt und neu belebt durch die Kraft des Begehrens. Das Begehren kümmert sich wenig um Moral oder Religionen und damit kümmert es sich seit jeher auch wenig um Schuld.

8. Krankheit und Schuld. Therapeuten und Schuld

Krankheit ist auch Kränkung. Mir wird etwas genommen, was andere noch besitzen. Warum ich? Warum jetzt? Die Suche nach Sinn führt auch hier zur Suche nach Schuld. Manchmal ist ja wirklich jemand oder etwas dafür verantwortlich, wenn man erkrankt, vielleicht sind es ungünstige Arbeits- oder Lebensbedingungen, manchmal ist es aber einfach ein Unglück, vom Schicksal - wenn ich sage: verhängt, dann personalisiere ich das Schicksal, und das zeigt, wie sehr man dazu neigt, ebendas zu tun, wenn etwas einfach geschieht.

Kränkend ist Krankheit auch deshalb, weil Leiden in einer modernen und säkularen Welt keinen Wert darstellt. Die Existenz dient dort in erster Linie bestimmten Zwecken, deren Erfüllung materielle Werte schafft, das Immaterielle erscheint vielleicht in der Kunst, und auch die wird danach bemessen, wie viel Ertrag sie erzielen kann. Mühe soll mindestens etwas Vorzeigbares erzeugen, und Leiden scheint wertlos. Religiöse Überzeugungen indessen verleihen auch der Krankheit einen Sinn und vor allem einen Wert. Sie kann als Prüfung aufgefasst werden, als etwas, woran man wachsen kann. Ohne Religion wird Krankheit manchmal als Versagen angesehen: Jemand hat es nicht geschafft, gesund zu bleiben oder lebt nicht richtig, macht etwas falsch. Das gilt vor allem bei psychischen Erkrankungen, deren Ursachen im allgemeinen Verständnis nicht so bekannt sind wie diejenigen körperlicher Erkrankungen.

Damit haben Psychotherapeuten zu tun. Sie versuchen, die Kränkung, die in der Krankheit liegt, zu reduzieren, versuchen, den Kranken zum Heiler seiner selbst zu machen, wenn das möglich ist, aber nicht immer gelingt das. Dann bleibt, das Ausgeliefertsein an das Schicksal als etwas Menschliches zu sehen, als etwas, das uns alle verbindet. Jeder kann krank werden und auch jeder kann psychisch erkranken. Und Leiden ist tatsächlich etwas, woran man wachsen kann. Zuweilen ist es aber nur unendlich traurig und auch das ist menschlich. Die Sorge für sich selbst enthält auch das.

Was nehmen sich Therapeuten? Diese Frage habe ich einmal in einem Ausbildungsseminar mit Ärzten und Psychologen behandelt. Nicht überraschend war, dass die Teilnehmer zunächst keine Antwort darauf geben konnten. Sie hatten sich das noch nicht überlegt. In ihren Augen waren sie vor allem „Gebende". Es entwickelte sich eine rege Diskussion, in der schließlich deutlich wurde, dass man sich in diesem Beruf ganz Ähnliches nimmt wie in anderen Berufen: Erfolg, Status, einen Vertrauensvorschuss und manches mehr, es liegt nur nicht so auf der Hand. Der Umstand, dass Ärzte, Therapeuten und Berater im „Retter"-Modus auftreten und arbeiten, verdeckt die nehmenden Aspekte dieser Berufe. Gerade Psychotherapeuten gehören zu den Personen, die einen großen Vertrauensvorschuss genießen, sie werden allerdings auch schnell dafür verantwortlich gemacht, wenn sich kein Behandlungserfolg einstellt. Die „Couch" ist und war schon immer ein zwiespältiger Ort. Sich darauf zu legen und abzuwarten, was mit einem passiert, hilft in der Regel nicht allzu viel. In den meisten Ländern, Deutschland ist eine der wenigen Ausnahmen, müssen Therapien privat bezahlt werden, und für einen Therapeuten ist es dann schwierig, unabhängig von seiner Klientel zu bleiben. Der amerikanische „Shrink" ist eine viel belächelte Witzfigur, „Rent a Friend" eine gängige Formel. In deutschen Krimi-Formaten zeigen sich psychologische Sachverständige meistens als schräge Sonderlinge mit Durchblick, nicht unbedingt als Sympathieträger. Indessen: Für uns Therapeuten gilt, was zur Architektur des „Schuld-Dreiecks" im 3. Kapitel gesagt wurde: Wenn es um Schuld geht, profitieren wir vom Anspruch des Opfers und vom Privileg, Täter und Opfer zu benennen. Das gibt uns Macht, die für Ratsuchende schwer zu durchschauen ist, weil sie im Gewande der Selbstlosigkeit steckt. Nur in dem Moment, in dem Fehler offenkundig werden, kippt das Bild auf die Täter-Seite, wo Vorurteile bereit stehen, oder es wird uns Machtmissbrauch unterstellt, zuweilen mit Recht.

Die Symptome eines Patienten, also die Merkmale seiner Erkrankung, sind Anlass und Rechtfertigung der Behandlung, nicht zuletzt sind sie Ausweis der Leistungspflicht der Krankenkasse. Damit sind sie das stärkste nehmende Mittel, über das der Patient „verfügt", um den Behandler zu beeinflussen, um ihn zu verpflichten und ihn zu binden. Ich habe das Wort „verfügt" in Anführungszeichen gesetzt, weil ich nicht glaube, dass Patienten ihre Behandler bewusst manipulieren. Aber Symptome haben ihre eigene Sprache, sie reagieren auf das, was Therapeuten tun. Es mag die Faustregel gelten: je mehr Vertrauen jemand in die Behandlung setzt, desto eher kann die Sprache der Symptome durch diejenige der Worte ersetzt werden.

Was das Thema Schuld anbelangt, geht es in den meisten Therapien um die Arbeit an Schuldgefühlen. Um die Veränderung von Bewertungen also, um die Unterstützung beim Aufbau positiver Erfahrungen, um die allmähliche Modifikation krankmachender Muster. Das führt dazu, dass unangemessene Schuldgefühle zurück gehen. Anders steht es, wenn Behandlungen von vornherein mit Schuld assoziiert sind, also bei der Therapie mit traumatisierten Personen oder mit Straftätern. Zur Behandlung von Straftätern habe ich mich an anderer Stelle geäußert, sie stellt mehr oder weniger einen Sonderfall dar und nicht viele Therapeuten sind damit befasst. Statt dessen möchte ich mich hier zu der Behandlung traumatisierter Personen äußern. Ich habe in meiner Praxis viele Patienten behandelt, die an Traumafolgestörungen gelitten haben. In Zusammenarbeit mit einem Ausbildungsinstitut habe ich ein Weiterbildungscurriculum zur Traumatherapie konzipiert und ich habe als Gutachter in diesem Bereich zahlreiche Expertisen verfasst.

Zunächst erscheint es mir wichtig, festzuhalten, dass meistens eine fatale Bindung zwischen Opfer und Täter besteht, besonders bei familiären Missbrauchsereignissen, und dass eine solche Bindung vom Täter nicht selten von Anfang an gewollt war, nachdem sie einen Teil der Gewaltausübung über das Opfer darstellt und weil sie lange über das Ereignis hinaus andauert. Opfer bleiben an den Täter gebunden, natürlich ohne es selbst zu wollen. In diesem Zusammenhang geschieht zuweilen auch die bereits erwähnte „falsche Vergebung", bei welcher das Opfer versucht, zu vergeben, was nicht vergeben werden kann, um den quälenden Konflikt, der oft eine Familie zerreißt, zu vermeiden und so den Vorgang zu beenden, ohne sich aus der Opfer-Rolle befreit zu haben. Viele Überlegungen zum Thema „Traumatherapie" würden den Rahmen dieses Texts sprengen. Ich möchte im Folgenden vor allem die schon beschriebene Bindung des Opfers an den Täter ansprechen, deren Auflösung bei Traumabehandlungen nicht immer im Vordergrund steht. Gleichwohl halte ich diese Auflösung für sehr wichtig, denn sie stellt ein Hindernis für die positive Entwicklung bei diesen Störungen dar. Um sie zu lösen, gibt es einen bestimmten Weg, für den die Architektur des Schuld-Dreiecks einen Hinweis gibt: Das Opfer ist nur so lange Opfer, wie es in dieser Rolle verbleibt. Das klingt banal, aber ich ergänze: Wenn das Opfer auf den Anspruch an den Täter verzichtet, ist es kein Opfer mehr. Hier muss man sich noch einmal vor Augen führen, dass Schuld eine Konstruktion darstellt, also eine Denkfigur, und dass sie ungeachtet der belastenden Gefühle, die dabei eine wesentliche Rolle spielen, eine Konstruktion bleibt und deshalb auch dekonstruiert werden kann. Ich habe nicht selten erlebt, dass traumatisierte Personen in einer Opferstarre verharrten, in der sie überhaupt nichts mehr „genommen" haben. Ich denke an eine Patientin die nach erlebter Demütigung in einem extremen Rückzug verblieb und am Leben nicht mehr teilnahm. Als habe sie unter einem extremen Zwang gestanden, Opfer zu bleiben oder als habe ein unbewusster Teil von ihr versucht, die Anklage an den Täter aktiv zu halten. Dieses Muster kann Zug um Zug bewusst gemacht werden und die Person, die Opfer geworden ist, kann dann versuchen, wieder zu „nehmen". Nachdem die Schuld des Täters bleiben wird und auch nicht vergeben werden kann, gibt es nur den Ausweg, auf den „Anspruch des Opfers" - der nicht bewusst besteht - zu verzichten. So kann die Bindung an den Täter gelöst werden, die Person, die Opfer wurde, kann frei, kann „ihr eigener Retter" werden.

Schuldgefühle können unerträglich werden. Aus dem Leben zu gehen, scheint dann ein Ausweg, wie bei unerträglichen Schmerzen. Manchmal ist dieses letzte „Geben" oder „Aufgeben" auch eine „Beziehungstat", eine Anklage an die zurück Bleibenden, die dann leicht in die Rolle von Tätern geraten können. Auch hier sollte man in seinem Urteil von zu schneller Sinnkonstruktion absehen, denn ein ursächlicher Zusammenhang wird meist nicht bestehen. Der Wunsch, aus dem Leben zu gehen, kann aber oft als ein Versuch angesehen werden, nach Selbstbestimmung zu suchen. Mein Leben gehört mir, ich kann damit tun, was ich will. So gesehen, kann in vielen Fällen der Gedanke, es aufzugeben, auch zu einem Rückweg führen. Und die Radikalität einer solchen Überlegung könnte helfen, es sich tatsächlich in Zukunft mehr zu „nehmen". Sich das Leben von nun an mehr nehmen, hieße das.

Auch Therapeuten können Täter sein oder als Täter beschuldigt werden. Der intime Raum einer Therapie und die Macht des Therapeuten, schließlich auch die Idealisierung durch Patienten kann zu Übergriffen verführen. Ein Missbrauch der therapeutischen Beziehung beschränkt sich nicht auf sexuelle Handlungen. Auch das Verharren in der Idealisierung kann eine Form des Missbrauchs darstellen, ein Muster, bei dem sich Therapeuten etwas nehmen, was ihnen nicht zusteht. Die Retter-Rolle, für die sie prädestiniert sind, profitiert vom Anspruch des Opfers, und in einer Psychotherapie kommt man Patienten sehr nahe. Therapeuten müssen diese Nähe verwalten können, das heißt, sie müssen ihre eigene Bedürftigkeit aus der Therapie fern halten. Denn auch hier ereignet sich, was jenseits des moralischen Wollens im Menschen existiert, und wie im vorigen Kapitel bereits gesagt, kümmert sich das Begehren nicht um Moral und nicht um Schuld. Deshalb ist es gut für Therapeuten, auf der Hut zu sein, vor allem auf der Hut vor sich selbst.

Steht schwere Schuld im Raum, wird die Therapie von ihr überschattet, und gerade dann können die Rollen schnell wechseln. Therapeuten stehen von Beginn an unter Druck, die Retter-Rolle einzunehmen und sie zu befestigen, um den Vorwurf zu vermeiden, dem Opfer werde nicht ausreichend geholfen. So kann beispielsweise ein Therapeut zum „Verfolger" des Täters werden und einen Patienten, der Opfer ist, in eine Zwangslage bringen, falls dieser noch eine Bindung an den Täter hat, die zu lösen er derzeit nicht imstande ist. Oder es wird von Beginn an das Vorliegen eines „Traumas" vermutet und fortlaufend danach gesucht, ohne dass es sich bestätigt, mit dem problematischen Effekt, dass Patienten in der Opfer-Rolle verbleiben müssen und ihre Therapeuten in derjenigen des Retters. Beide Rollen können nicht mehr aufgegeben werden, denn wenn der Erfolg ausbleibt, besteht die Gefahr, als Retter versagt zu haben und der Retter, der versagt, kann eben leicht zum Täter werden.

Auch Gutachter, die über die Fortführung von Behandlungen zu entscheiden haben, können dem Vorwurf begegnen, sie stünden auf der Seite der Täter. Etwa wenn sie eine Therapie für aussichtslos halten und und sie deshalb nicht mehr verlängert wird. Indessen können Therapien tatsächlich schaden, wenn die Retter-Attitüde einem Therapeuten nicht erlaubt, einen Patienten loszulassen, weil vielleicht der Ansatz nicht stimmig war oder weil ein Kollege erfolgreicher arbeiten könnte. Hier können fatale Bündnisse entstehen, die Patienten nicht helfen und sie statt dessen in der Opfer-Rolle festhalten, um diejenige des Retters fortzuschreiben.

Es kommt natürlich auch vor, dass Therapeuten Opfer von Patienten werden. Dass Enttäuschung oder Zurückweisung in eine Erzählung gebracht wird, in der der Therapeut sich regelwidrig oder sogar gesetzwidrig verhalten haben soll, was schwer zu widerlegen ist. Das Therapiezimmer ist ein sensibler Raum. Ich rate zur Bescheidenheit und zur Transparenz. Das große Vertrauen, das uns Therapeuten entgegen gebracht wird, kann umschlagen in Schuld und in Beschuldigung, das gehört zu diesem Beruf, damit muss man leben.

Die Gefahr, therapeutische Macht, die Macht des „Retters" zu missbrauchen, besteht zu jeder Zeit, so wie die Verantwortung besteht, sie richtig einzusetzen. Deshalb haben wir die Pflicht, uns gegenseitig zu prüfen, um unsere blinden Flecke zu beleuchten und zwar so lange, wie wir in diesem Beruf tätig sind, denn niemand ist gefeit gegen Fehler und gerade in der Psychotherapie können sie sich fatal auswirken. Wenn Behandlungen nicht gelingen, heißt es nochmals anfangen, Fehler zu suchen, sich zu prüfen. Die Lage mit dem Patienten offen und transparent zu erörtern, auch wenn eigene Irrtümer offenbar werden. Niemand ist perfekt.

9. Das gute Nehmen und das gute Geben. Schuld als Besitz

In diesem Kapitel möchte ich auf die Begriffe *Geben* und *Nehmen* noch einmal eingehen, so wie sie im nächsten Kapitel dann bei den Übungen verwendet werden. Außerdem geht es um den *Dank* und um die *Pause* zwischen Geben und Nehmen, um das *Wünschen* und um den *Vorwurf.* Und ich möchte davon sprechen, wie man mit schwerer Schuld umgehen kann. Dafür gibt es jeweils Beispiele. Damit soll dieses Kapitel auf die praktischen Übungen im nachfolgenden und letzten Kapitel vorbereiten.

Zunächst zu den Begriffen „Geben" und „Nehmen". Im der Überschrift spreche ich absichtlich vom „guten" Nehmen und Geben, weil mir nichts Besseres einfällt. Ich könnte statt dessen „zweckmäßig", „optimal", „funktional" schreiben, aber das trifft es nicht, weil solche Eigenschaften eher einen brauchbaren Gegenstand oder eine gute Leistung beschreiben. Aber Zweckmäßigkeit oder Selbstoptimierung sind Ziele, die eher zu Geschäften oder zu einem Herstellungsprozess passen. Das gute Geben und Nehmen aber hat mit der „Gabe" zu tun, die sich nicht in Zwecke einsperren lässt. Es braucht vor allem den Mut, sie frei zu lassen.

Wie kann man Schuldgefühle reduzieren, wie kann man einen Beziehungsstil entwickeln, der weder zu großen Altruismus führt, noch zum Egoismus? Ich beginne mit dem Nehmen. Das Nehmen führt ein Schattendasein, denn wie in den vorangegangenen Kapiteln ausgeführt, bleibt es stets hinter dem Geben zurück, Geben erscheint vornehmer als Nehmen. Aber es hat sich ja bereits gezeigt, dass das Geben keineswegs Sicherheit verspricht, es scheint nur die sicherere Art des Nehmens zu sein. Es geht mir um das dankbare Nehmen, denn das ist das gute Nehmen. Was verstehe ich darunter? Das dankbare Nehmen entspringt meinem Bedürfnis. Ich kann dabei nur für mich etwas bekommen, nicht für jemand anderen (das wäre wieder Geben). Und mein Bedürfnis muss im Akt des Nehmens spürbar werden, das braucht eine passende Form und diese Form ist der Wunsch oder die Bitte.

Nehmen bedeutet nicht gleich wieder Zurückgeben, auch nicht gleich versuchen, sich zu entschuldigen, sondern wirklich nehmen. Sich anschließend zu bedanken heißt, anerkennen: Ich habe von dir etwas bekommen. Damit eröffne ich dem anderen die Möglichkeit, zu geben und räume ihm einen Anspruch ein. Werde ich auf diese Weise schuldig? Im Prinzip ja, aber das ist eine Form von Schuld, die unwesentlich ist. Der Dank hat sie bereits anerkannt und sie wird ohnehin nicht Bestand haben. Das gute Nehmen ist die beste Kur gegen unangemessene Schuldgefühle. Bei Zweifeln hilft die Frage: Worin besteht hier meine Schuld? Man wird sie nicht positiv beantworten können und sie kann zur Klärung immer wieder gestellt werden. Entscheidend ist es, keine Aktionen zum unnötigen Ausgleich zu unternehmen und die aufkommenden Schuldgefühle eine kleine Weile auszuhalten, sie werden verschwinden.

Würden Sie mir bitte die Tür aufhalten?

Ein simples Beispiel. Aber alles steckt darin, was zum guten Nehmen gehört: Das Bedürfnis ist offensichtlich, es soll hier und jetzt geschehen und der andere kann mir unmittelbar etwas geben. Was meinen Sie, wie viele Leute werden das verweigern? Kaum jemand.

Ich stehe vor der Kasse im Supermarkt und habe bloß eine Tüte Milch in der Hand, vor mir steht ein hoch getürmter Einkaufswagen. *Könnten Sie mich bitte vorlassen? Ich hab' s ein bisschen eilig und habe nur diese Tüte Milch.* Auch hier vermutlich kein Problem. Aber nehmen wir den Bettler, der einen anspricht und sagt: *Ich habe Hunger.* Er will Geld. Und mit Geld kann man eine Menge anstellen, nicht nur Essen kaufen. Gibt man ihm etwas, spricht er gleich den Nächsten an, man kann also betrogen werden um diesen Akt des Altruismus. Hier schätze ich den Effekt nicht so groß ein. Viele werden den Kopf schütteln und ablehnen.

Der Moment des Nehmens ist sensibel. Hat der Bettler ein Schild um den Hals, das seine Not illustriert, funktioniert es auch nicht besser, denn er operiert im Modus des Opfers und der Passant fühlt sich nicht zuständig. Dafür kann ich ja nichts, wird er denken und das stimmt, er kann nichts dafür. Das Bedürfnis ist zwar spürbar, aber man kann ihm ausweichen, weil man sich nicht gemeint fühlt.

Ein Notarzt wird zu einem Unfall gerufen, er würde einen Helfer brauchen. Aber alle Anwesenden starren auf die Szene, keiner rührt sich. Der Arzt spricht gezielt einen von ihnen an. *„Sie, ja Sie, kommen Sie bitte mal her. Ich brauche Ihre Hilfe."* Das klappt. Man muss sich gemeint fühlen.

Das gute Nehmen geschieht so unmittelbar wie möglich und es wird durch eine Bitte oder einen Wunsch eingeleitet, außerdem muss es ein Bedürfnis erkennen lassen. Und: es darf keinen Vorwurf darstellen. Denn sonst ist das dazu gehörende Geben gar kein wirkliches Geben, sondern bloß ein Ausgleich. Die Kraft des Nehmens aber liegt darin, dass es dem Gegenüber die Möglichkeit eröffnet, *wirklich* etwas zu geben, das bedeutet: etwas Wichtiges, das ist etwas, das zählt und etwas, das nicht käuflich ist. Zum Nehmen braucht es Verführung, die Verführung zum Geben. Und die braucht einen Reiz, der darin besteht, dass der andere die Gelegenheit bekommt, hier und jetzt die „Gabe" erscheinen zu lassen (Freundlichkeit, Höflichkeit, Charme, Liebenswürdigkeit, wie immer man es nennen will).

Das einzig Schwierige am guten Nehmen ist, dass es ein wenig Übung braucht für die dazu gehörende Taktik. Vergessen wir nicht, wir tragen alle Masken, wir sind „Personen". Diese Masken schützen uns davor, in unserer Bedürftigkeit sichtbar und vielleicht zurückgewiesen zu werden.

Die Menge, die vor dem Unfallopfer steht, oder an dem Bettler vorbei geht, bleibt hinter ihrer Maske. Deshalb gilt es, mutig zu sein, wenn man das gute Nehmen üben möchte, so wie es im letzten Kapitel mit einigen hilfreichen Techniken beschrieben wird. Zu lernen, etwas von sich zu zeigen. Ohne diesen mutigen Akt – viel Mut braucht es dazu eigentlich nicht – gelingt kein Nehmen. Die Belohnung und das Ziel ist es, ein Ereignis zu schaffen, bei dem die „Gabe" erscheinen kann. Hat das Nehmen stattgefunden, braucht es den Dank. Erst mit dem Dank ist der Akt abgeschlossen, es kommt nämlich nichts zurück. Ich habe etwas genommen und das

Genommene bleibt bei mir.

Ein anschauliches Beispiel für das gute Nehmen ist eine Einladung zum Essen. Ich habe sie angenommen, habe das Essen verzehrt, es hat mir geschmeckt, der Abend hat mir gefallen und ich bedanke mich zum Abschied. Vielleicht habe ich zur Begrüßung Blumen mitgebracht, das ist so üblich, aber ich werde nicht sofort am nächsten Tag eine Gegeneinladung aussprechen, vielleicht erst in ein paar Wochen. Es braucht diese Pause, damit das Nehmen vollständig wird. Sonst wird etwas wieder zurück getauscht und das wäre für den Gastgeber zumindest irritierend wenn nicht gar kränkend: Der will von uns ja nichts nehmen. Es braucht zuerst den Dank und dann die Pause, damit das Nehmen wirksam wird.

Ein Beispiel: Ich bin gerade in meine neue Wohnung eingezogen. Da müsste die Waschmaschine noch ins Badezimmer gebracht werden. Das bekomme ich alleine nicht hin. Ich klingle bei meinem neuen Nachbarn, sage: *Hallo, ich bin Ihr neuer Nachbar, meine Name ist Soundso. Ich habe gleich eine Bitte an Sie, ich brauche Ihre Hilfe. Könnten Sie mir helfen, meine Waschmaschine ins Bad zu schaffen?* Ich erhalte die Unterstützung. Und sage: *Das war sehr nett von Ihnen. Vielen Dank dafür. Und auf gute Nachbarschaft.* Die Tür wird geschlossen. Pause.

Das ist die Variante ohne Gegengabe, sie braucht ein bisschen Mut. Und sie schadet der Beziehung zu meinem neuen Nachbarn nicht im geringsten. Im Gegenteil, wir beide wissen: Er hat mir gerade etwas gegeben. Wir werden uns daran erinnern.

Eine weitere Variante: Nach der erfolgten Hilfeleistung krame ich in einem Karton und ziehe eine Flasche Wein heraus, sage: *Danke, dass Sie mir geholfen haben. Das ist für Sie. Ist doch nicht nötig*, sagt der Nachbar. *Doch, doch, sage ich, Sie waren so nett.* Hier gibt es keine Pause.

Das ist natürlich auch vollkommen in Ordnung. Die kleine Bindung, die dann entstanden wäre, wenn ich nichts zurück gegeben hätte, habe ich vermieden. Vielleicht, weil ich nicht ganz so mutig war oder weil ich nicht so viel Nähe zu meinem neuen Nachbarn wollte.

Nun die ganz unverbindliche Variante: Ich möchte meinen neuen Nachbarn nicht gleich zur Last fallen und rufe jemanden an, den ich kenne: *Kannst du mir helfen, die Waschmaschine ins Bad zu schaffen?* Auch das ist in Ordnung, ohne Frage. Aber mit meinem neuen Nachbarn habe ich keine Beziehungserfahrung gemacht, die vielleicht schön gewesen wäre für den Beginn des Lebens Tür an Tür.

Nun zum guten Geben. Es wurde schon deutlich, dass die Gefahr beim Geben darin besteht, ein „Geben-Konto" einzurichten, also eine Gewohnheit daraus zu machen. Eine Gefahr vor allem für die vom „Stamme Gib". Denn das bewusste „Geben-Konto" wird nie eingelöst werden, weil niemand es bedienen wird und weil - immer wieder muss es gesagt werden -, die Gabe sich nicht halten lässt. Auf dem „Konto" sammelt sich nicht die Gabe, sondern Enttäuschung und Bitterkeit. Weil man sich das Wichtigste im Leben nicht verdienen kann.

Das gute Geben ist demnach das verschwenderische Geben. Damit meine ich keineswegs, dass man viel geben soll, das wäre ein Missverständnis. Es bedeutet eher, so zu handeln wie ein guter Gastgeber: Was ich gebe, soll hier und jetzt verzehrt, genossen, genommen werden. Es soll etwas Unmittelbares bedienen, gerade so wie das gute Essen. Und sein Wert besteht nicht darin, dass jemand – auch nicht ich selbst – sich merken wird, wie viel hier gegeben wurde, sondern darin, dass ich etwas geben *kann*, was andere wirklich begehrt haben, was einem wirklichen Bedürfnis entgegen kam. Mehr Ehre geht kaum. Im Prinzip würde mir das nun Einfluss verschaffen, denn der Nehmende begibt sich in ein Verhältnis, in dem er mir etwas schuldet. Das könnte so sein in einer Beziehung, in der Geben und Nehmen hin und her laufen, es könnte auch bei einem einmaligen Ereignis so sein. Und die Ehre für den Gebenden besteht gerade darin, dass ihm dieser Anspruch eingeräumt wird, unter den der Nehmende sich begibt und dass er ihn nicht ausnützt. Deshalb der Dank. Und deshalb die Pause.

Noch zwei Beispiele für das gute Geben: Ich gehe alle zwei Tage joggen. Auf meinem Weg begegnen mir einige Leute, der Weg ist stadtnah, es sind manchmal dieselben, manchmal sind es Fremde. Ich grüße sie alle. Nicht alle grüßen zurück, teilweise auch die nicht, die ich regelmäßig sehe. Ich grüße trotzdem alle, zugegeben nicht mit dem gleichen Elan, wenn ich weiß, dass der Gruß wohl nicht erwidert werden wird, aber ich tue es. Weil ich der Ansicht bin, dass ein freundlicher Umgang gut ist. Das ändert sich nicht deshalb, weil ein paar Leute unfreundlich sind. Die meisten erwidern meinen Gruß, und tatsächlich haben, zwei, drei der Nicht-Grüßenden inzwischen angefangen, zurück zu grüßen.

Jemand liest in der Zeitung von Menschen, die in Not geraten sind. Ein Bild ist dabei von einem Kind. Der Lesende sieht etwas im Gesichtsausdruck des Kindes, das ihn anrührt, er weiß nicht warum. Er zahlt hundert Euro auf das Spendenkonto ein, das genannt wird. Hinterher erzählt er einem Bekannten davon, der sagt: *Du bist naiv. Du weißt doch gar nicht, was mit solchen Spenden passiert. Da wird viel gemauschelt, ich hätte mir das gut überlegt.* Der Betreffende denkt nach und stellt fest, dass ihm das nicht so wichtig ist. Er ist dem momentanen Impuls gefolgt und es fühlt sich auch im Nachhinein noch richtig an. *Ich würde es wieder so machen*, sagt er.

Nun zwei Beispiele für „Nicht Geben" (also Nehmen):

An meiner Haustür klingelt es. Die Sendboten einer Religionsgemeinschaft stehen draußen. Sie wollen mit mir über Gott sprechen. Ich weiß in diesem Moment, dass ich das nicht möchte und sage: *Ich möchte das nicht.* Ich sage nicht: Tut mir Leid, denn es tut mir nicht leid. Ich sage lediglich: *Ich möchte das nicht.* Wie zu erwarten, kommt der Einwand: *Aber Sie werden doch fünf Minuten Zeit für Gott haben.* Ich wiederhole freundlich, dass ich das nicht möchte. Ich möchte den Leuten nicht zuhören und ich möchte auch nicht über das Thema reden. Eine einfache Sache. Ich nicke den beiden zu und schließe die Tür.

Etwas schwieriger: Ich sitze mit einem Bekannten abends in einem Lokal, wir unterhalten uns. Er erzählt weitschweifig von seinem neuen Projekt, es ist eine Forschungsarbeit, in die er viel Zeit investiert, ein wichtiges Thema, die Fachwelt wartet auf seine Ergebnisse. Nach einiger Zeit, in welcher ich ausschließlich zugehört habe, sage ich: *Ich möchte jetzt nicht mehr weiter zuhören.* Er sagt: *Interessiert es dich gar nicht?* Ich antworte, dass ich in erster Linie vom Zuhören angestrengt bin und gerne mal das Thema wechseln möchte. Er reagiert zunächst etwas eingeschnappt, dann versteht er die Situation und sagt: *Willst du mal was von dir erzählen? Warum nicht*, sage ich und schlage vor, dass wir probieren, uns abzuwechseln. Als ich merke, dass er wirklich an meinen Themen interessiert ist, entspannt sich die Situation wieder.

Im Gespräch gibt es den Sprecher und den Zuhörer. Der Sprecher *nimmt* (unabhängig vom Thema), der Zuhörer *gibt*. Aktiv zuhören bedeutet, den anderen zum Sprechen zu ermuntern, indem man nachfragt, Interesse zeigt. Das bedeutet „Geben" und es hat seine Grenzen. Aktives Zuhören gehört zu den sozialen Fertigkeiten, aber auch, diese Grenzen zu bemerken und sie zu beachten. Sonst werden Gespräche anstrengend. Nicht selten erzählt jemand in der Überzeugung, wertvolle Inhalte zu vermitteln und erzählt sehr lange darüber. Die Inhalte mögen wertvoll sein, das Zuhören wird trotzdem anstrengend. In Paargesprächen achten Therapeuten stets darauf: Wer ist hier der Sprecher und wer der Zuhörer? Das merkt man schon nach fünf Minuten.

Nun eine Überlegung zum Wünschen. Manche Märchen beginnen mit dem Satz: Damals, als das Wünschen noch geholfen hat....ein wie ich finde, magischer Satz, besonders für das Thema dieses Buches, denn Wünschen hilft ja tatsächlich. Aber was ist Wünschen? Wünschen ist eine Praxis des Nehmens. Der Charme des Wünschens ist, dass es sich auf nichts bezieht, was bereits da gewesen ist, es richtet sich auf das, was noch nicht geschehen ist, aber vielleicht gleich passieren wird.

Bitte, bitte Papa kaufst du mir den Schokoriegel? Das baut ordentlich Druck auf und ich kann entscheiden, ob ich Freude auslöse oder Gequengel. Ich habe die Wahl. Die habe ich nicht mehr, wenn es später zu Hause vorwurfsvoll heißt: *Der Papa hat mir nicht mal 'nen Schokoriegel gekauft, der ist immer so streng. Du isst schon zu viele Süßigkeiten,* wäre die vernichtende Antwort.

Im Unterschied zum Wunsch konstruiert der Vorwurf einen Anspruch, der auf bereits bestehender Schuld beruht. Denn der Vorwurf behauptet: Du schuldest mir etwas. Nicht selten wird er mit einem Gegenvorwurf beantwortet. Meistens gibt es dann unterschiedliche Auffassungen über die betreffenden Inhalte. Es ist ja bereits geschehen und ich sehe es anders als du es siehst. Schuld zuzuweisen führt zur Gegenwehr und schafft kaum eine günstige Verhandlungsatmosphäre. Dennoch versuchen es viele erst einmal mit dem Vorwurf, denn der Vorwurf tut so, als habe man bereits einen Einfluss auf den anderen. Einen Einfluss, der sich auf den behaupteten Anspruch gründet, mit anderen Worten auf Macht.

Ganz anders der Wunsch. Er bezieht sich auf etwas, das noch nicht geschehen ist und eröffnet dem anderen die Möglichkeit, mir etwas zu geben, worauf ich keinen Anspruch haben kann. Ich biete also dem anderen an, mich ein wenig schuldig zu machen. Ich erlaube ihm einen gewissen Anspruch auf mich, wenn er meinen Wunsch erfüllt. Und wenn ich solchen Ansprüchen gegenüber nicht allzu empfindlich bin, was sollte mich noch davon abhalten, zu wünschen?

„Könntest du bitte die Einkäufe heute machen? Ich habe so viel um die Ohren, es wäre eine Entlastung für mich." Vergleichen Sie das mal mit: *„Du kannst auch mal einkaufen, ich habe heute echt viel zu tun."*

Der Unterschied ist spürbar. Das zweite Beispiel enthält einen Vorwurf. Er steckt vor allem in dem Wörtchen „mal", das mitteilen will: Ich mache das sonst immer, jetzt bist du dran. Damit kann mein Gesprächspartner nichts mehr hinzu zufügen, er kann also nicht wirklich geben, er kann lediglich meinen Anspruch bedienen. Entsprechend fällt vermutlich die Laune aus. Das erste Beispiel mit dem Wunsch aber fängt bei „Null" an. Wenn dem Wunsch entsprochen wird, wird wirklich etwas gegeben und ich bin bereit, es anzunehmen. Das ist am Ende viel mehr als nur ein Ausgleich. Stimmt der andere zu, bedanke ich mich und beende damit den Vorgang. *„Danke, das ist nett von dir."* Fertig.

Wir können uns später beide daran erinnern, dass das eine nette Geste war, und wenn es mal der eine und mal der andere macht, dann braucht es auch nicht exakt ausgeglichen zu sein. Ein Päckchen geht hin, ein Päckchen geht her. Dann befinden wir uns in einem Belohnungssystem. Dort herrscht Großzügigkeit, anders als in einem Bestrafungssystem, in welchem stets genau gemessen wird, wie viel gegeben und genommen wurde. Leider geschieht diese Messung mit zwei nicht geeichten Messlatten, und deshalb herrscht hier das Unglück und dort das Glück.

Wünsche oder eine Bitte umgehen den überall lauernden Vorwurf, sie leiten das gute Nehmen ein. Und der Dank schließt eine mögliche Kette von Nehmen und Zurückgeben ab. Wunsch und Dank machen Schuld unwirksam und stellen die beste Kur gegen Schuldgefühle dar, worauf ich im letzten Kapitel wieder zu sprechen kommen werde.

In diesem Abschnitt geht es um schwere Schuld. Der Umgang mit ihr ist anders als derjenige mit bloßen Schuldgefühlen, die alltäglicher sind und mit der Zeit verblassen und vergehen. Was aber ist schwere Schuld? Das ist nicht einfach zu definieren. Man könnte sagen: Schuld, die bleibt. Aber Schuld bleibt nie für alle Zeit. Das trifft zu und es gilt auch für schwere Schuld, auch sie bleibt nicht, sie bleibt aber im Gedächtnis. Es gibt Schuld, die nicht verdrängt werden soll und auch nicht darf, zumindest nicht in einer oder vielleicht auch mehr Generationen. Darüber entscheidet letztlich die Moral. Und jeder entscheidet am Ende persönlich, ob er seine Schuld anerkennt oder nicht. Anerkennt er sie, dann anerkennt er auch die geltende Moral. Tut er das nicht, befindet er sich außerhalb dieser Moral.

Bei den Nürnberger Kriegsverbrecherprozessen haben sich einige der Nazi-Täter darauf berufen, dass sie nur Befehle ausgeführt hätten und deshalb nicht persönlich schuldig geworden wären, die Schuld trage allein ihr Anführer Adolf Hitler. Die Richter haben das nicht akzeptiert. Sie haben die Täter dennoch verurteilt, weil sie sie für persönlich schuldig hielten durch ihre Verbrechen oder ihre Beteiligung an den Verbrechen gegen die Menschlichkeit, eine Form des Verbrechens, die damals zum ersten Mal definiert wurde. Das hat große Aufmerksamkeit erweckt, weil auch zum ersten Mal derartige Prozesse stattgefunden haben, und weil man hoffte und glaubte, die Welt werde daraus lernen.

Hier geht es also um persönliche Schuld, demnach um etwas, das jemand genommen oder nicht gegeben hat und das so schwerwiegend ist, dass es ihn lebenslang be-

gleitet. Ich habe bei der Arbeit mit verurteilten Straftätern viele Erfahrungen gemacht, aus denen ich lernen konnte, was derartige Schuld ist. Ich habe Personen
kennengelernt, die jede Schuld von sich gewiesen haben, da sie ja verurteilt wurden
und ihre Schuld mit der Strafe abgegolten sahen. Andere wollten sich auf
Erörterungen gar nicht einlassen, sie blieben unerreichbar. Manche wollten sich das
Leben nehmen, einigen ist es gelungen. Für mich und meine Kollegen, die wir in
Gefängnissen gearbeitet haben und Gutachten verfassten, war eine der Lehren daraus,
dass der Zugang zu persönlicher Schuld allein von dem erlaubt wird, der sie trägt, sie
ist ein persönlicher Besitz. Ohne Zweifel ein belastender Besitz, indessen ein
persönlicher. Niemand sonst hat sie und niemand hat Zugang zu ihr. Kam es zu einer
Reflexion und zu einer Arbeit an dieser persönlichen Schuld, war das ein Zeichen
dafür, dass der Betreffende vielleicht bereit war, künftig mehr Verantwortung für sich
und andere zu übernehmen. Wenn nicht, blieb er unerreichbar.

Wer schwere Schuld trägt, kann sie nicht loswerden. Sie tragen, heißt aber auch, sie
möglicherweise verwandeln, und das beginnt bereits damit, dass sie anerkannt wird.
Wenn man sich daran erinnert, dass Schuld eine soziale und gesellschaftliche Kon-
struktion darstellt, dann bedeutet Schuld zu tragen, sich für die Gesellschaft und ihren
Moralkodex zu entscheiden. Jemand, der sich zu viel genommen hat, kann an anderer
Stelle vielleicht etwas geben. Ausgeglichen werden kann die Schuld damit nicht, aber
sie kann für den, der sie trägt, einen persönlichen Entwicklungsprozess anstoßen.
Schuld verwandeln heißt verantwortlich handeln und das heißt: Geben.

Natürlich können manche das ignorieren. Der Fürst (siehe Kapitel 7) und seine modernen Nachfahren brauchen sich nicht moralisch zu verhalten, niemand zwingt sie
dazu. Sie verfügen über Wege, sich dem Gesetz zu entziehen, und es kommt hinzu,
dass das öffentliche Interesse nicht selten ihre Überschreitungen feiert, weil sie als
Provokateure ihre Anhänger um sich scharen. Sie profitieren vom Glanz und Ruhm
der Täterschaft, also ebenfalls von der dunklen Energie, die in der Schuld liegt. Diese
Energie oder Macht existiert, sie kann entfesselt werden und man soll sie nicht unter-
schätzen.

Für denjenigen, der seine Schuld anerkennt, als Last und als Besitz, gibt es den Weg, sie Schritt für Schritt zu verwandeln, nicht, sie zu löschen, sondern etwas Gebendes hinzuzusetzen. Erfährt er Vergebung, kann das ein zusätzlicher Ansporn sein für diesen Prozess, ein Löschen der Schuld bedeutet sie nicht. Wo Schuld am persönlichsten ist, sind Experten am ohnmächtigsten, und wenn man das Dreieck der Schuld betrachtet, kann die Sorge für sich selbst zum Ziel führen, sein eigener Retter zu werden.

Fazit für dieses Kapitel: Mit Schuld umgehen heißt, das dankbare Nehmen lernen und das Geben für jetzt und nicht für immer. Es heißt wünschen lernen und eine Bitte äußern an Stelle von Vorwürfen. Zu danken. Aufmerksamkeit für das Flüchtige und Vergängliche entwickeln und die Bedeutung der Pause erkennen. Es heißt auch, schwere Schuld tragen lernen, Verantwortung im Geben zu übernehmen.
Das gute Nehmen und Geben und der Umgang mit Schuld sind Techniken für die Selbstfürsorge, sie dienen nicht einem bloßen Zweck, sie haben existenzielle Dimension.

10. Kann man den Umgang mit Schuld ausprobieren und kann man ihn üben?

Man kann es, es ist nicht kompliziert. Der wichtigste Grundsatz lautet: Niemand bleibt ohne Schuld.

Versuchen Sie also als erste grundsätzliche Übung, nicht unschuldig zu bleiben oder es wieder zu werden. Was sonst in diesem Kapitel steht, soll vor allem praktisch sein. Der Weg, Schuldgefühle zu reduzieren, führt über das gute Nehmen und Geben, wie es im vorigen Kapitel definiert wurde, dazu gibt es hier einige Beispiele. Es wird auch beschrieben, wie Vorwürfe in Wünsche verwandelt werden können, und außerdem, wie man aus Spielen aussteigen kann, die man nicht mitspielen will. Schließlich wird ein Vorschlag gemacht, wie man sich von fremder Schuld befreien kann.

<u>Das gute Nehmen</u>

Beispiele:

„Könnten Sie mir bitte sagen, wo es hier zum Bahnhof geht?"
"Würden Sie einen Moment auf mein Gepäck aufpassen?"
Das ist beides leicht.
„Ich habe eine Bitte: Ich müsste dringend jemanden anrufen, darf ich Ihr Handy benutzen?"
Das ist schon etwas schwieriger.
„Ich möchte das nicht essen, es ist kalt. Bitte sorgen Sie dafür, dass ich warmes Essen bekomme."
Das ist noch schwieriger, denn darin steckt eine Kritik.

In diesen Beispielen sind es Fremde, die angesprochen werden, es handelt sich also um ein einmaliges Nehmen. Das ist unkompliziert und bietet mir eine erste Gelegenheit, auf die üblichen Fallstricke hinzuweisen, die ein gutes Nehmen verhindern. Solche Fallstricke sind:

Das Wort „Entschuldigung...." voranzusetzen. Also *„Entschuldigung, würden Sie bitte...?"*
Man kann sich nicht selbst entschuldigen, und eine so verunglückte Art der Einleitung zeigt ohnehin, dass man etwas nehmen möchte, aber der Angesprochene soll gleich etwas entschuldigen und wird deswegen leicht in Abwehrhaltung gehen.
Viel besser ist: *„Ich habe eine Bitte. Könnten Sie wohl....."*

„Du-Haltung" statt „Ich-Haltung" einzunehmen: *„Sie könnten mir mal Ihr Handy geben, ich müsste telefonieren."* Damit ist sind Wunsch und Bedürfnis unsichtbar, es ist nur noch eine Feststellung. So wie: *„Frau Schulze, die Bauanträge müssen noch bearbeitet werden."* Nicht angenehm, oder?
Besser: *„Ich habe eine Bitte: Kann ich Ihr Handy benutzen? Ich habe meins nicht dabei und muss einen dringenden Anruf machen."*

Versteckter Vorwurf: *„Könnten <u>Sie</u> heute mal das Blut ins Labor bringen?"*
Das Wörtchen „mal" enthält den Vorwurf, es bedeutet ja: Sonst mache ich es immer, heute können Sie es *mal* machen.

Ein Geschäft daraus machen: *„Ich gebe Ihnen zwei Euro, wenn ich mal Ihr Handy benutzen kann."*

Keine Pause zulassen: *„Hier, eine Flasche Wein für Sie, weil Sie mir die Bohrmaschine geliehen haben."*

Handelt es sich um das Nehmen in länger bestehenden Beziehungen, hat sich meistens bereits ein bestimmter Stil entwickelt. Vielleicht enthält er ja die Möglichkeit, zu bitten oder zu wünschen, dann sollte man das einfach häufiger tun, aber die hier genannten Fallstricke dabei vermeiden. Enthält die Kommunikation dagegen eine große Menge an Vorwürfen, dann hilft oft das bereits erwähnte *Speisekammermodell*, den Partner positiv zu überraschen. Man sollte das nicht erklären. Es wirkt besser ohne jede Erklärung: Einfach etwas tun, was dem Anderen gut tut. „Ich hatte Lust dazu" reicht schon. Nicht unwahrscheinlich, dass es erwidert wird, nach einer Pause natürlich, vielleicht dauert die Pause erst einmal länger. Man kann es ein paar Mal versuchen und bei Erfolg auch verbal beginnen, den Stil zu ändern.

Mehr zuhören für die, die sonst Sprecher sind oder sich mehr Gehör verschaffen für die, die sonst Zuhörer sind. *„Bitte hör mir zu, das ist mir jetzt wichtig. Nicht: Hör mir jetzt mal zu!"* Es geht um Feinheiten, denn der Vorwurf lässt sich nicht so leicht kleinkriegen. Er schleicht sich schnell ein. Die erwähnte Speisekammer-Methode ist natürlich ein gutes Geben, zu dem ich gleich noch etwas sagen werde, aber es ist meist ein gutes Geben, das dem guten Nehmen voran geht, und so ist es ja auch in guten Beziehungen.

Paarbeziehungen beginnen meistens mit gegenseitiger Werbung, da wird viel gegeben. Aufmerksamkeit, Geschenke, Bewunderung, Interesse. Man hofft auf eine entsprechende Resonanz und die Strategie ist Bindung, man möchte den anderen an sich binden und beginnt deshalb mit einem Belohnungssystem. Diese Phase der Werbung oder Verführung verblasst bekanntlich in längeren Beziehungen. Dann muss man gemeinsam die Alltagslast tragen, finanzielle Sicherheit schaffen, Kinder erziehen. Das geht nicht nur in Harmonie. Bitter wird es dann, wenn Vorwürfe die Kommunikation beherrschen, wenn das eintritt, was ich an anderer Stelle ein Bestrafungssystem genannt habe.

Interessant ist aber, dass man im Grunde jeden Vorwurf auch in einen Wunsch verwandeln könnte. Ich versuche es einmal.

*„Kannst du die Kinder nicht mal pünktlich abholen? Ich fürchte, die Erzieherinnen
sind schon total sauer auf uns."*
Statt dessen: *„Bitte hol die Kinder pünktlich ab. Dann halten wir die Erzieherinnen
bei Laune."*

„Dir fällt nie was ein am Wochenende. Wir sitzen rum und haben nichts vor."
Statt dessen: *„Ich würde gern am Wochenende was Schönes machen. Wie wär's mit
Kino und danach Essen gehen? Dieses Wochenende plane ich und nächstes
Wochenende du, okay?"*

<u>Aus dem Spiel aussteigen</u>

Nachdem Vorwürfe meistens sofort mit Gegenvorwürfen beantwortet werden, möchte ich an dieser Stelle darüber sprechen, wie man *aus einem Spiel aussteigt*, das man
nicht mitspielen will.

Eine beliebte Therapie-Übung ist Kissenwerfen. Therapeut und Patient stellen sich in
einigem Abstand auf, der Therapeut nimmt ein Kissen und wirft es dem Patienten zu.
Geredet wird nicht dabei. Der Patient wirft das Kissen zurück, das tut er nahezu
immer. Nach ein paar Mal hin und her fängt der Therapeut das Kissen nicht mehr auf,
es fällt auf den Boden. Die Nachbesprechung zeigt, was in Spielen fast immer
abläuft: Ich fordere jemanden heraus, meistens offensiv oder sogar aggressiv. Mit der
Herausforderung wird gleich die Regel verdeutlicht: „Kissenwerfen". Der Heraus-
geforderte übernimmt automatisch diese Regel und schon befindet er sich in einem
Spiel, dessen Regeln ich vorab bestimmt habe. Spielt einer nicht mehr mit, endet das
Spiel.

Das mag Ihnen banal erscheinen, aber anstelle von Kissenwerfen kann das auch ein
militärischer Angriff sein und was dann abläuft, geht genau so weiter wie das
Kissenwerfen, bis jemand aus dem Spiel aussteigt. Entscheidend: Das *Aussteigen* ist

der souveräne Akt, nicht das *Vergelten*. Wenn Sie also jemand herausfordert, dann sollten Sie das bemerken, zum Beispiel bei einem „Vorwurfsspiel". Steigen Sie in solch einem Fall bald aus dem Spiel aus, denn es kommt nichts Gutes dabei heraus.

Beispiel: A: *Ich habe dich jetzt schon drei Mal angerufen und du warst nicht erreichbar, das finde ich ausgesprochen ärgerlich. B: Tut mir leid, mein Handy war ausgeschaltet. A: Warum schaltest du dein Handy überhaupt aus? B: Na ja, ich habe eben nicht daran gedacht. A: Du denkst einfach nicht an wichtige Dinge. B: Also, Gedankenlosigkeit könnte ich dir auch vorwerfen. Erinnerst du dich an letzten Montag....*Von jetzt an wird es hin und her gehen. Ein Ausstieg gelänge etwa so: *B: Tut mir leid, ich werde in Zukunft darauf achten.* Wenn der andere trotzdem weiter macht, einfach nochmals aussteigen: *B: Ich möchte das jetzt abschließen und nicht mehr darüber reden.*

Es ist wie bei einem Kartenspiel. So lange Sie die Karten auf der Hand behalten, wird weiter gespielt. Und wenn Sie ein destruktives Spiel beenden, sind Sie nicht der Verlierer, sondern Sie sorgen für sich selbst.

<u>Das gute Geben</u>

Einige Beispiele:

„Kann ich Ihnen den schweren Koffer abnehmen, hier auf der Treppe?"
Das ist leicht.
„Schauen Sie, ich habe noch einen Chip für den Einkaufswagen, den schenke ich Ihnen."
Auch das ist leicht und wird zu einer angenehmen Begegnung führen, denn es wird vermutlich beide Male dankbar angenommen werden.
„Ich unterstütze Sie bei Ihrem Vorhaben, Sie haben mich überzeugt. Sie können in den nächsten Wochen gern zu mir kommen, wenn Sie meinen Rat wünschen."

Hier geht es um mehr. Es hängt vom Vertrauen des Nehmenden ab, ob er den Vorschlag annimmt. Gerade im beruflichen Umfeld ist es etwas heikel, denn er könnte sich abhängig machen.

Das unerwartete Geben, das Geschenk, die unverdiente Gefälligkeit – man erinnere sich an die „Speisekammer" in der Paartherapie – wirken als ein Belohnungssystem, das ebenfalls ein Spiel mit verdeckten Regeln ist. „Für mich" bedeutet nicht „gegen dich" und umgekehrt: Es ist genügend Gutes da, man nimmt es sich nicht gegenseitig weg.

Das Geben also. Und *was* gibt man am besten? Man gibt am besten das, was nicht bleibt, denn alles was länger Bestand hat, enthält die Gefahr des Aufbewahrens und Aufrechnens.

„Die Schwiegereltern haben uns eine Mikrowelle geschenkt, da können wir doch nicht mit einer Schachtel Pralinen zu Besuch kommen."

Man gibt am Besten, was man verzehren, essen, trinken, verbrauchen kann. Und vor allem gibt man: Aufmerksamkeit, Nachsicht, Vergebung, Verständnis, Interesse, Freundlichkeit und Höflichkeit, Zärtlichkeit und vielleicht den eigenen Charme, wenn man mutig genug ist.
Das ist übrigens genau das, was Sie sich auch nehmen sollten, aber eigentlich versteht sich das von selbst.

Wenn Sie Struktur mögen und ich rate Ihnen dazu, da mir selbst Struktur immer hilft, dann besorgen Sie sich ein Heft, in dem Sie abwechselnd zwei Überschriften eintragen und drei Spalten darunter, also so:

Erste Seite Überschrift:

Ich versuche, mir etwas zu nehmen

darunter (in 3 Spalten):

Was habe ich gemacht?	Welche Gedanken hatte ich dabei?	Welche Gefühle?

Versuchen Sie, jeweils 5 Beispiele einzutragen und füllen Sie jede Spalte für jedes Beispiel vollständig aus. Das sieht dann zum Beispiel so aus:

Was habe ich gemacht?	Welche Gedanken hatte ich dabei?	Welche Gefühle?
Ich habe Sina mitgeteilt, dass ich heute lieber Fußball schauen will	Ich dachte, sie wird mir das übel nehmen	Ich war erleichtert, weil es nicht so war.

Überschrift auf der anderen Seite:

Ich versuche, etwas zu geben

darunter die gleichen 3 Spalten

Was habe ich gemacht?	Welche Gedanken hatte ich dabei?	Welche Gefühle?

Auch hier füllen Sie für jedes Beispiel jede Spalte aus. Zum Beispiel so:

Was habe ich gemacht?	Welche Gedanken hatte ich dabei?	Welche Gefühle?
Ich habe Peter angerufen und ihm vorgeschlagen, dass wir uns mal wieder sehen. Er hatte keine Zeit.	Bin nicht sicher, ob es ihm wichtig ist.	Ich hatte Zweifel, war unsicher.

Auch wenn Sie nicht gleich Erfolge verzeichnen können, mit der Zeit, nach 4-5 Doppelseiten werden sich Ihre Gedanken und Ihre Gefühle bereits verändern: Es wird immer leichter werden, je mehr Übung Sie entwickeln. Nehmen Sie sich ein paar Wochen Zeit.

<u>Der Verzicht</u>

Als letzte Übung möchte ich über das *Aufgeben* sprechen, das auch ein Geben ist, also über den *Verzicht*. Es war schon die Rede davon, dass bei traumatisierten Personen der Verzicht auf den Anspruch, der an den Täter besteht, dabei hilft, die Bindung an den Täter zu lösen. Das ist wichtiger Teil einer therapeutischen Strategie, die hier zwar benannt, aber nicht weiter verfolgt werden soll, das würde den Rahmen dieses Texts sprengen. Aber im Prinzip gilt diese Strategie immer, wenn es darum geht, Bindungen zu lösen, die einem nicht gut tun. Zur Erinnerung: Das Gegebene oder das Genommene binden aneinander. Wem etwas genommen wurde, der bleibt so lange in der Bindung, wie der gefühlte Ausgleich nicht erfolgt ist. Das kennt man vom Geschäft: Schulden müssen bezahlt werden. Aber wie steht es mit Schuld?

Ein Beispiel: Ich schaue aus dem Fenster und beobachte, wie jemand beim Ausparken meinen Wagen streift. Nachdem der Betreffende keine Anstalten macht, auszusteigen, notiere ich mir die Nummer und zeige ihn an. Der andere behauptet später, er habe nichts bemerkt und sei für den Schaden nicht verantwortlich. Es geht hin und her, am Ende zeigt sich, dass ich einen Anwalt nehmen müsste, um mein Recht einzufordern. Der Schaden ist nicht allzu groß. Ich beschließe, auf eine Erstattung zu verzichten. Habe ich jetzt klein bei gegeben? Vielleicht. Vor allem aber habe ich jetzt Ruhe.

Verzicht ist nicht dasselbe wie Verlust. Einem Verlust stehe ich passiv gegenüber, ich befinde mich in einer hilflosen Position. Den Verzicht aber kann ich selbst leisten, Verzicht macht frei.

Überlegen Sie, ob es in Ihrem Leben Vorgänge gibt, bei denen Sie sich durch einen Verzicht frei machen könnten. Und erinnern Sie sich daran, dass Schuld nur so lange besteht, wie sie konstruiert wird, so lang das Dreieck aktiv ist. Wenn Sie kein Opfer mehr sind, wenn Sie also das nicht mehr tun, was Opfer eben tun, endet der lähmende Einfluss des Täters. Vielleicht nicht sofort, aber der böse Zauber ist gebrochen. Sie haben es in der Hand.

So sind wir am Ende dieses Buches wieder beim Lächeln der Bäckereiverkäuferin angelangt.

Im Lächeln ereignet sich die Gabe. Die Bäckereiverkäuferin besitzt sie nicht, niemand kann sie besitzen, aber sie lässt sie erscheinen, und ich bekomme etwas, das ich nicht verdient habe. Probieren Sie es einfach aus. Lächeln Sie jemanden an und vielleicht gelingt es Ihnen, das Ereignis der Gabe zu schaffen, dann können auch Sie geben, was Sie nicht haben, und nehmen, was Sie nicht verdient haben. Ich wünsche es Ihnen.

Literatur

Bataille, Georges. Die Aufhebung der Ökonomie, Rogner und Bernhard Verlag München, 1975.
Batailles Theorie der unbegrenzten und begrenzten Ökonomieformen. Eine energetische Philosophie der Gesellschaftsbildung. Die Theorie der Verschwendung.

Baudrillard, Jean. Der symbolische Tausch und der Tod, Matthes und Seitz Verlag München, 1982.
Baudrillards Dissertation, auf der Gabentheorie von Marcel Mauss beruhend. Eine mit Verve ins Politische getragene, umfangreiche Skizze über den Zusammenhang von symbolischem Tausch, Tod und Souveränität.

Benedict, Ruth. Chrysantheme und Schwert. Formen der japanischen Kultur. Suhrkamp Verlag Frankfurt 2006.
Ruth Benedict unterscheidet die asiatische „Schamkultur" von der europäischen Schuld-kultur. Ihr Werk ist längst (auch in Japan) zum Klassiker für das Verständnis der traditionellen Werte Japans avanciert, es wurde erst sechzig Jahre nach Erscheinen ins Deutsche übersetzt.

Boelderl, Artur. Vom Opfergeist: Hegel mit Bataille, Beitrag und Publikation 20th World Congress of Philosophy Boston Mass. Aug. 10-15, 1998, im Archiv: „Paideia", Philosophy of Religion.
Ein Kongressvortrag, in dem der Autor aufzeigt, wo Batailles Denken auf einer Umkehr der Philosophie Hegels fußt.

Bourdieu, Pierre, Sozialer Sinn, Suhrkamp Verlag Frankfurt, 1987.

Auf Emile Durkheims und Marcel Mauss' Denken beruhende Darstellung der Phänomene des Gabentausches bei den nordafrikanischen Berbern.

Braun, Meinrad. Tausch, Macht und Spiel, in: Psychotherapie im Dialog, Thieme Verlag Stuttgart, Nr. 1/2010, 3/10.
Schuld wird als dynamisches Potenzial im Beziehungsspiel betrachtet, die Bedeutung dieses Potenzials für Therapie und Beratung wird erörtert.

Buber, Martin. Schuld und Schuldgefühle, Schneider Verlag Heidelberg, 1958.
Unterscheidung zwischen schwerer Schuld und Schuldgefühlen aus der Sicht der Psychoanalyse.

Derrida, Jaques, Eine gewisse unmögliche Möglichkeit, vom Ereignis zu sprechen. Merve Verlag Berlin 2003.
Vortrag an der Universität Montreal, gehalten am 1.4.1997. Derrida bringt die Unfassbarkeit des Augenblicks mit der Ereignisnatur der "Gabe" in Verbindung.

Eßbach, W.: Gabe und Rache. Zur Anthropologie der Gegenseitigkeit. In: Treusch-Dieter, Gerburg, Schuld. Konkursbuch Verlag, 1999.
Gut geschriebener Essay zum Thema.

Foucault, Michel, Ästhetik der Existenz. Schriften zur Lebenskunst. Hrsg.: D. Defert, F. Ewald. Suhrkamp Frankfurt, 2007.
Essays, Presseartikel und Interviews mit Foucault, in denen Foucaults Konzept der Selbstfürsorge als Grundlage einer ästhetisch-asketischen Gestaltung der Existenz mit verschiedenen Exkursen zu Foucaults Werk diskutiert wird.

Girard, Rene, Das Heilige und die Gewalt, Fischer Verlag Zürich, 1987.

Darstellung der ursprünglichen Gewalt und ihrer Bewältigung durch das sakrale Opfer. Mythenanalyse und darauf aufbauende Gesellschaftstheorie, Kritik der Freudschen Konzeption des Unbewussten.

Heidegger, Martin, Zeit und Sein, (in „Zur Sache des Denkens", Niemeyer Tübingen 2000).
Heidegger fasst in dieser späten Schrift Grundgedanken zusammen, die er in „Sein und Zeit" fragmentarisch dargestellt hat. Eine wesentliche Rolle spielt das „Ereignis" und seine Bedeutung für das Wechselspiel von „Zeit" und „Sein".

Mauss, Marcel, Die Gabe. Suhrkamp Verlag Frankfurt, 1990.
Einer der berühmten Essays der (französischen) Soziologiegeschichte der Zwanziger Jahre. Mauss stellt darin erstmals die universale gesellschaftskonstituierende Funktion der „Gabe" dar.

Nietzsche, Friedrich, Jenseits von Gut und Böse, und: Zur Genealogie der Moral, Insel Verlag Frankfurt, 1984.
Spätes philosophiekritisches Werk Nietzsches, in dem er den Platonismus und die Moral des „schlechten Gewissens" kritisiert und für eine Philosophie der Leidenschaft jenseits von Wahrheitssuche und „Ressentiment" plädiert.

Negel, Joachim, Ambivalentes Opfer. Studien zur Symbolik, Dialektik und Aporetik eines theologischen Fundamentalbegriffs, Schöningh Verlag Paderborn, 2005.
Umfangreiche Abhandlung (Negels Dissertation), darin versucht der Theologe, die christliche Heilslehre kritisch neu zu definieren. Es werden die wesentlichen Grundlagen und die Kritik der Soteriologie, vor allem die von Marx, Nietzsche und Freud referiert.

**Schmid, W.: Selbstsorge. Zur Biografie eines Begriffs. In: Endreß, M. (Hrsg.):
Zur Grundlegung einer integrativen Ethik. Suhrkamp Verlag Frankfurt, 1995.**
*Interessanter Vergleich des christlichen „Seelsorge"-Begriffs mit demjenigen
der im 19. Jahrhundert von der Philosophie wieder favorisierten antiken
„Selbstsorge".*

I **want** morebooks!

Buy your books fast and straightforward online - at one of world's fastest growing online book stores! Environmentally sound due to Print-on-Demand technologies.

Buy your books online at
www.morebooks.shop

Kaufen Sie Ihre Bücher schnell und unkompliziert online – auf einer der am schnellsten wachsenden Buchhandelsplattformen weltweit! Dank Print-On-Demand umwelt- und ressourcenschonend produziert.

Bücher schneller online kaufen
www.morebooks.shop

Printed by Books on Demand GmbH, Norderstedt / Germany